ELS NOSTRES AUTORS

bromera

ELS NOSTRES AUTORS

ASSESSORS DE LA COL·LECCIÓ

Salvador Bataller, Jeremies Barberà, Pere Calonge i Josep Antoni Fluixà

ÚLTIMS TÍTOLS PUBLICATS

57. *Regiment de la cosa pública.* Francesc Eiximenis. A cura de Josep Palomero
58. *Ofidi.* Josep Lozano. A cura de Jeremies Barberà
59. *Poemes i Elogis.* Joan Maragall. A cura de Pere Calonge
60. *La mestra.* Víctor Labrado. Introducció de Carme Miquel
61. *Europeus. Retrat en setanta imatges.* Joan F. Mira. Introducció d'Enric Balaguer
62. *Discordances.* Joan Fuster. A cura d'Enric Sòria
63. *Amor i erotisme al Tirant.* Joanot Martorell. A cura de Ricard Bellveser
64. *Elogi de la meua terra i altres poemes.* Carles Salvador. A cura de Gonçal López-Pampló
65. *Pilar Prim.* Narcís Oller. Introducció de Laura Borràs
66. *Vita Christi.* Isabel de Villena. Introducció de J. Enric Estrela i Vicent J. Escartí
67. *Antologia. Memòries i viatges.* Josep Piera. A cura de Víctor Gómez Labrado
68. *Més discordances.* Joan Fuster. A cura d'Enric Sòria
69. *Ocells de pas i altres proses.* Santiago Rusiñol. Introducció d'Urbà Lozano
70. *Poemes i narracions.* Salvador Espriu. A cura d'Antoni Prats
71. *Retaule en gris.* Joaquim Amat-Pinella. Introducció de David Serrano i Blanquer
72. *Ombres en la nit.* Ferran Torrent. Introducció de Francesc Calafat

Hi ha unes *Propostes Didàctiques*, referides a aquest llibre, que es poden adquirir de forma gratuïta a través d'Internet www.bromera.com.

Coberta: *Carles Barrios*
Impressió: *Romanyà Valls*

1a edició: *octubre, 2012*
ISBN: *978-84-9026-070-8*
DL: *V-2958-2012*

Salvador Espriu

Poemes i narracions
(Antologia)

Introducció i antologia: Antoni Prats

ELS NOSTRES AUTORS

bromera

INTRODUCCIÓ

L'obra de Salvador Espriu (1913-1985) va aconseguir dignificar el vessant popular –rural i tot de vegades– de la nostra literatura, que, continuant el sentir del Modernisme, s'havia afermat amb Josep M. de Sagarra (1894-1961) i Josep Pla (1897-1981) davant l'estètica de caire clàssic, urbana i aristocratitzant del Noucentisme, com també s'hi oposaven Joan Salvat-Papasseit (1893-1924) i Josep V. Foix (1894-1987) en la mesura que tractaven d'aclimatar a casa nostra els avantguardismes europeus de les primeres dècades del segle xx.

Salvador Espriu, més jove que tots aquests escriptors, va conjuminar en la seua literatura els orígens pobletans de la seua nissaga de casa bona amb la formació intel·lectual intensa i rigorosa –sobretot com a historiador de l'antiguitat mediterrània– que facilitava la Universitat Autònoma de Barcelona, sorgida a redós de la Segona República.

Siga com siga, a la mort de Carles Riba (1893-1959), màxim representant de la literatura catalana de l'etapa noucentista i exemple de resistència davant l'intent pertinaç de genocidi cultural per la dictadura, hi va haver una tàcita unanimitat perquè ell fos el successor, atès el seu prestigi com a escriptor i la seua generositat cívica, un adjectiu aquest certament molt espriuà.

Salvador Espriu ens ha llegat un món literari bastit al voltant de tres mites: Sinera (Arenys de Mar), amb el seu entorn de poble mariner i l'àmplia i diversa galeria de personatges que li donen vida, que literaturitza la Catalunya profunda; Lavínia, que mostra més aviat la vida burgesa de l'urbs (Barcelona) i de Catalunya amb els seus conflictes quotidians i polítics, i Sepharad (la península Ibèrica), que denuncia, a partir d'alguns paral·lelismes amb la història del poble hebreu, les lluites civils i les conseqüències subsegüents. En definitiva, una crida a la tolerància, al diàleg, al respecte i a la pau, des de la responsabilitat i l'autoexigència.

1. NOTÍCIA BIOGRÀFICA

Salvador Espriu i Castelló va nàixer a Santa Coloma de Farners el 10 de juliol de 1913, tot i que tant el pare com la mare i les famílies respectives eren d'Arenys de Mar; però el pare havia aconseguit la plaça de notari a Santa Coloma de Farners uns quants anys abans. Salvador era el segon dels fills; el més gran, Francesc, i el més petit, Josep, també van nàixer en aquesta població. Les germanes, M. Isabel i M. Lluïsa, ja van venir al món a Barcelona, on el pare, Francesc Espriu i Torres (1875-1940), havia guanyat el 1915 per oposició directa l'única plaça de notari que havia estat convocada.

Francesc Espriu provenia d'una família acomodada des que el seu avi va marxar a Cuba on va fer fortuna, i l'avi patern de l'escriptor, home d'idees liberals, va ser alcalde d'Arenys durant la Revolució de Setembre de 1868, però va faltar aviat. Quant a la mare de Francesc Espriu i Torres, Isabel Torres i Català, per ser neboda del bisbe Català (Arenys de Mar, 1835-Barcelona, 1899), va heretar la seua mansió d'Arenys de Mar, que Espriu considerava la llar pairal de la seua família. Aquesta casa, que els propietaris actuals han conservat tal com Espriu la coneixia, va esdevenir en l'imaginari espriuà l'escenari de nombrosos moments de la seua obra.

A la part de darrere, l'eixida de la casa per un espai obert és «el jardí dels cinc arbres», segons l'escriptor l'anomenava. Per primera vegada apareix com a tal en *Primera història d'Esther* (1948), obra dramàtica que hi té tot just l'escenari inicial. Es tracta en realitat d'un pati amb una palmera que va plantar la mare d'Espriu i de quatre arbustos enlairats al seu voltant. En un dels racons, es conserva un safareig, que hem de suposar un lloc de jocs infantils de l'escriptor, ja que coincideix per les seues característiques amb aquest altre, descrit per Espriu en *El doctor Rip* (1931), breu novel-la en primera persona d'un autor encara adolescent:

> Hi havia una eixida amb un cert caire de jardinet, amb cinc plantes com arbres, molta heura i uns quants gessamins vells, de tronc gruixut. I un safareig d'adorn, amb un tritó de terra cuita dalt d'una mena de cascada minúscula, amb falzilles i molsa, per on regalimava sense parar, a gotes, l'aigua que omplia el safareig. En ell jo jugava hores i hores, solitari, amb barques de paper, obra de les meves mans.[1]

Espriu esmentarà son pare en *Primera història d'Esther*, en què el personatge cec de l'Altíssim ens demana que pre-

---

1. *El doctor Rip* (edició crítica i anotada amb estudi introductori a cura de Rosa M. Delor i Muns), Centre de Documentació i Estudi Salvador Espriu (Arenys de Mar) i Edicions 62 (Barcelona), 1992, p. 62.

guem, entre altres, «pel notari i el bisbe, el nebot i l'oncle, abans amos d'aquest jardí, que posseïren un talent claríssim i una enorme personalitat autoritària i bondadosa».[2] A més a més, alguns trets del caràcter patern apareixen reflectits en la figura del pare de les narracions «La tertúlia» i «Mariàngela l'herbolària». Més avant, tot esmentant la data del seu decés, li endreçarà el llibre de poemes del qual se sentia més satisfet, *Final del laberint*, i, sempre que s'hi referia, emprava un to més que de respecte, d'admiració i agraïment:

> El meu pare a Barcelona coneixia i tractava tothom, i tothom el coneixia. [...] Quan estudiava dret, tota la seva família –mare i germans– vivia a Barcelona. El meu pare, a més, era nebot-nét –i predilecte– del bisbe de Barcelona –aleshores i ja abans de l'exposició del 88 i fins al 99, quan el meu pare tenia 24 anys. [...] Havia viscut llargues temporades a Madrid (on va conèixer, per exemple, en Portela Valladares) i se sabia de memòria el Museu del Prado. Això no és ser un típic «senyor de poble». Encara que el meu pare no va ser tampoc un «cosmopolita», un dels seus avis, però, s'havia educat a Sant Petersburg. Tots aquests «ambients» eren a casa una tradició «viva».[3]

I segons la mateixa font, Francesc Espriu era un gran conversador. A Barcelona formarà part de més d'una ter-

2. Mentre no s'adduesca una altra font, citem de les *Obres completes* a cura de Francesc Vallverdú, p. 38.
3. Capmany, M. Aurèlia: *Salvador Espriu*, Editorial Dopesa, Barcelona, 1972, p. 51.

túlia: a l'Eqüestre, en una llotja del Liceu, a la Pinacoteca, però sobretot a casa. Aquestes converses, que Espriu va literaturitzar en la breu narració «La tertúlia», a les quals assistia el petit Salvador (el Tianet d'aquest text), van ser segurament decisives en la gènesi de la seua peculiar visió del món, com el mateix escriptor apuntava en més d'una ocasió:

> El meu pare, realment, el que volia ser era pintor, i dominava el dibuix. Havia anat a la Llotja i tenia, tenim, encara conservem, uns dibuixos típicament clàssics, aquells dibuixos trets dels guixos que presenten a la Llotja [...], i realment dominava el dibuix, un dibuix clàssic amb tots els seus agreujaments. El dominava perfectament, però el meu pare era un home molt irònic i feia caricatures de jove, després va plegar perquè va agafar aquesta malaltia tan greu a la vista i no va poder ja fer-ho; aquestes caricatures jo les tinc totes emmarcades, i no sé si tenen un valor artístic, però indiscutiblement tenen un valor psicològic i àdhuc documental, perquè són fetes de finals de segle passat i són uns tipus que jo estimo molt i a més a més estan a l'arrel de la meva tan modesta literatura. [...] Quan parlen si jo tinc influències de Ruyra i de Valle-Inclán i de Miró, és possible que en tingui, no diré pas que no, perquè els he llegits però la base del meu món més o menys titellaire, també aninotat, són els ninots del meu pare.[4]

4. Espriu, Salvador: *Enquestes i entrevistes II (1974-1985)* (edició crítica i anotada de les enquestes i entrevistes fetes a Salvador Espriu, a cura de Francesc Reina), Centre de Documentació i Estudi Salvador Espriu (Arenys de Mar) i Edicions 62 (Barcelona), 1995, p. 264-265.

Ell havia comprès la sensibilitat i la intel·ligència del seu fill Salvador, i segurament n'augurava el destí. Cal pensar això davant l'interès que va manifestar publicant-li les primeres obres, *Israel* (1929) i *El doctor Rip* (1931). Fins i tot va aconseguir-li per a la segona un pròleg de Carles Soldevila.

La mare de l'escriptor, Escolàstica Castelló i Molas (1879-1950), havia nascut igualment al si d'una família benestant i també el pare d'aquesta va ocupar càrrecs en el govern municipal d'Arenys. L'esposa pertanyia a una nissaga de mariners comerciants; va morir de sobrepart a quaranta anys. Només set en tenia llavors la mare de l'escriptor. Es va fer càrrec dels orfes una germana del pare, vídua i sense fills. Al cap i a la fi, sembla que la vida de fadrina d'Escolàstica Castelló va transcórrer com la de qualsevol dona jove de casa bona de poble. Tots aquests personatges i altres encara de la família apareixeran en l'obra de Salvador Espriu. Quant a sa mare, a qui va dedicar la segona part de *Les hores*, trobem referències en narracions («Tarot per a algun titella del teatre d'Alfaranja», «Mariàngela l'herbolària» i potser a «La tertúlia» i a «Dracs i serpents») i en poemes («Les roses recordades», «Des del mateix teatre» i «Aquest Nadal prop del mar», d'*El caminant i el mur*, i el XXI de *Llibre de Sinera*). Endemés, l'escriptor va fer-ne un retrat psicològic en entrevistes i en alguna autopresentació:

> Una dona reservada, silenciosa, amable, distingida, pessimista, d'un ànim negre com el carbó, en absolut valenta. Va tenir cinc fills, en va perdre dos ja força grans, va suportar tota mena d'afliccions i tristeses i morí d'un càncer, sense cap

escarafall. [...] D'una rigorosa i no gens hipòcrita ortodòxia catòlica romana, era calvinista en els abismes del subconscient. I em temo que jo he heretat una considerable proporció d'aquella seva fosca.[5]

Aquest pessimisme que Espriu reconeix en la seua pròpia idiosincràsia, el menava a maximitzar algunes desgràcies familiars i de salut durant la seua infantesa, per tal d'explicar la seua insistència en el tema de la mort i el caràcter ombrívol de gran part de la seua obra. Fet i fet, els greus problemes de salut i la mortalitat infantils no eren gens infreqüents encara a les primeres dècades del segle, amb unes possibilitats terapèutiques bastant inferiors a les d'ara.

D'altra banda, segons referia el mateix escriptor, a Barcelona, des dels quatre anys, va rebre la millor i més avançada formació escolar que permetia l'època:

La primera escola on vaig anar va ser la Montessori: que ens feien fer plàstica amb fang i de vegades tancaven o feien fosc o ens deien que ens poséssim les mans als ulls un moment, una cosa instantània. Jo era molt petit, devia tenir quatre anys o potser menys i tot, jugàvem en realitat. Després vaig anar, ja més gran, a l'escola alemanya, però quan va ser hora de fer el batxillerat en vaig sortir. Vaig fer el batxillerat espa-

5. Espriu, Salvador: *Enquestes i entrevistes I (1933-1973)* (edició crítica i anotada de les enquestes i entrevistes fetes a Salvador Espriu, a cura de Francesc Reina), Centre de Documentació i Estudi Salvador Espriu (Arenys de Mar) i Edicions 62 (Barcelona), 1995, p. 38.

nyol perquè era bastant complicat fer el batxillerat espanyol i alhora seguir els estudis organitzats com estaven a l'escola alemanya d'aleshores.[6]

El batxillerat, el va cursar en un col·legi privat però laic. Com que el pare era d'ideologia liberal i força anticlerical a més a més, es va evitar que el fill anés al col·legi dels jesuïtes del carrer de Casp, on acudien els joves de casa bona de l'Eixample barceloní. A l'any següent de publicar *Israel*, va superar l'examen final de Batxillerat –amb la màxima nota i premi extraordinari–[7] i va escriure la seua primera novel·la, *El doctor Rip*, mentre iniciava la seua vida d'estudiant universitari, durant la qual no l'abandonà l'èxit acadèmic ni l'incipient prestigi literari, almenys entre els seus companys lletraferits, amb els quals es reunia en alguna aula buida les hores que no tenien classe per parlar de literatura i llegir-se allò que anaven escrivint. Fins i tot van crear una editorial, Leda (Les Edicions d'Avui), per donar a conèixer les coses que anaven produint. Espriu hi va publicar la seua novel·la breu *Miratge a Citerea* (1935).

En definitiva, a propòsit de l'homenatge de la Universitat de Barcelona (1980) amb motiu de nomenar-lo doctor

---

6. Espriu, Salvador: *Enquestes i entrevistes II (1974-1985)* (edició crítica i anotada de les enquestes i entrevistes fetes a Salvador Espriu, a cura de Francesc Reina), Centre de Documentació i Estudi Salvador Espriu (Arenys de Mar) i Edicions 62 (Barcelona), 1995, p. 265.
7. Sobre aquest detall i la vida acadèmica en general d'Espriu, vegeu Delor, Rosa M.: *Salvador Espriu, els anys d'aprenentatge (1929-1943)*, Edicions 62, Barcelona, 1993.

honoris causa, l'escriptor resumia amb aquestes paraules els seus estudis acadèmics:

> Em vaig llicenciar en Història Antiga a la Universitat Autònoma de Barcelona. Els meus mestres varen ser ni més ni menys que el doctor Pere Bosch Gimpera i el doctor Lluís Pericot, endemés d'altres dels quals conservo un record inesborrable. Tant l'un com l'altre, puc dir que, a més a més de mestres, varen ser amics meus [...]. Em varen ensenyar molt bé Història Antiga; ells tenien una inclinació cap a la Prehistòria, però tanmateix eren molt competents en tot el que fa referència a Història Antiga. [...]
>
> La guerra civil va trencar el curs de la meva vida. Jo volia ser egiptòleg, estava recolzat per la Universitat de Barcelona i m'havia de defensar econòmicament a través d'una beca, que em sembla que en deien del Conde de Cartagena, que encara no s'havia donat a ningú. Aleshores, si jo hagués pogut seguir aquests estudis, hauria estat el primer que ho hauria fet a Espanya.[8]

També va estudiar la carrera de Dret. Es va matricular de bon començament i es va esforçar a treure'n la llicenciatura simultàniament, que va concloure el 1935. Era un costum prou estès entre els estudiants de lletres per tal d'assegurar-se un treball qualificat quan acabessin els estudis. Segons Espriu, aquella fou la millor etapa de la seua vida:

---

8. Autors diversos: *Homenatge a Salvador Espriu amb motiu d'ésser-li conferit el grau de doctor «honoris causa»*, Universitat de Barcelona, 1980, p. 18-19.

> Aquells cinc o sis anys que vaig passar a la universitat entre les dues facultats potser són els que jo recordo amb més plaer [...] Els anys d'universitat varen ser bons i vàrem fer aquell cèlebre creuer per la Mediterrània de quaranta-cinc dies, per tant jo he viajat molt poc però conec, naturalment d'una manera absolutament superficial perquè és un món inacabable, tota la Mediterrània. I un viatge que va ser per vaixell com aquest, no l'he tornat a repetir; per tant, aquest és un record molt agradable per mi.[9]

Aquest creuer tan memorable fou el 1933. El 1934 i el 1935, va publicar dos llibres de narracions, *Aspectes* i *Ariadna al laberint grotesc*; però els Fets del 6 d'Octubre de 1934 van marcar una inflexió desfavorable i no sols per als projectes personals del jove estudiant. Espriu, força conscient del que ocorria al seu voltant, es va sentir de sobte aclaparat pel carés que prenia el govern i l'ordre públic a Catalunya: avalots amb incendis i saquejos d'esglésies, l'anul·lació de l'Estatut i l'empresonament del president i els consellers de la Generalitat. Comptat i debatut, la renovació pregona i fecunda que havia encetat la vida universitària depenia de la bona salut del nou règim. Barrejada amb el seguit de desgràcies i luctuosos pronòstics que comportava la guerra, hi va haver la desaparició sobtada el 1938 de Bartomeu Rosselló-Pòrcel, el gran

9. Espriu, Salvador: *Enquestes i entrevistes II (1974-1985)* (edició crítica i anotada de les enquestes i entrevistes fetes a Salvador Espriu, a cura de Francesc Reina), Centre de Documentació i Estudi Salvador Espriu (Arenys de Mar) i Edicions 62 (Barcelona), 1995, p. 244.

amic poeta d'Espriu. En avant, va dedicar nombrosos textos a la seua memòria.

Els enfrontaments i desastres de la Guerra Civil Espanyola (1936-1939) i, tot seguit, la generalització pertot arreu del clima d'intolerància amb la Segona Guerra Mundial van sumir l'escriptor en una pregona desesperança. A més a més, per si tot plegat no fos poc, el 1940 es va precipitar la mort de son pare. El curs vital de l'escriptor entrà en un període difícil i costerut, completament amarg, sobretot, cal suposar, per les conseqüències pràctiques que va comportar aquest darrer succés:

> Vaig haver de treballar per tirar endavant la família. Com que el meu pare havia estat notari, vaig considerar que havia de salvar el seu despatx i la clientela. [...] Per a ser notari s'han de fer, com vostès saben, unes oposicions molt difícils. Jo no tenia temps de preparar-les, i altrament són uns estudis que no m'han agradat mai. Em vaig entrevistar aleshores amb un notari de Barcelona, i vàrem convenir que li aportaria el despatx i la clientela del meu pare i que jo tindria cura d'aquesta aportació. Així varen passar vint anys, que han estat els més durs i els més amargs de la meva vida per moltes i variades raons. Em dedicava a una feina que no m'agradava gens i que no em deixava cap mena de lleure. D'altra banda, escriure aleshores en català semblava una follia. Arran de la guerra civil, no hi havia cap possibilitat de publicació. Després, durant molts anys, publicar era ben entrebancat i difícil.[10]

---

10. Espriu, Salvador: *Enquestes i entrevistes I (1933-1973)* (edició crítica i anotada de les enquestes i entrevistes fetes a Salvador Espriu, a cura de

Amb la victòria del franquisme, durant els primers anys de la llarga postguerra, la vida cultural a Barcelona –sobretot en català, òbviament– no permetia grans expansions... Tanmateix, Espriu rebia a sa casa petits grups de les noves lleves d'estudiants lletraferits que no desistien de la cultura autòctona. Entre aquests, era considerat un dels escriptors joves més valorats, i col·laborava en les revistes *Poesia*, *Ariel* i *Curial*.

El 1950 va faltar la mare de l'escriptor. Un greu sotrac, sens dubte, però els anys següents foren força fecunds per a la seua creativitat de poeta. El 1946, havia publicat –clandestinament, no cal dir– el llibre de poesia *Cementiri de Sinera*, i, el 1949, *Les cançons d'Ariadna*, una primera versió de només trenta-tres poemes. A continuació, entre 1952 i 1955, donarà a conèixer quatre reculls poètics més: *Les hores*, *Mrs. Death*, *El caminant i el mur* i *Final del laberint*, que integraran, amb *Cementiri de Sinera*, el que ell anomenava «Cicle de la Mort».

El 1954 va viatjar durant tres setmanes per Itàlia i va afegir una tercera part a *Les hores*, en la qual hi ha al·lusions a les experiències d'aquell periple, alhora que va començar a observar-se en els seus versos un canvi d'orientació emocional envers l'esperança d'un món més lliure i solidari, que va quallar en els llibres de poemes que va escriure a les dècades següents i que ell volia que fossin cinc com en el cicle anterior i que havien d'anomenar-se en conjunt «Cicle de la Col·lectivitat»; però només en va enllestir tres: *La pell de brau* (1960), *Llibre de Sinera* (1963) i *Setmana Santa* (1971).

Francesc Reina), Centre de Documentació i Estudi Salvador Espriu (Arenys de Mar) i Edicions 62 (Barcelona), 1995, p. 96-97.

Per fixar una data i una anècdota, es pot dir que, a partir de 1955 i de l'atorgament aquell mateix any del premi La Lletra d'Or pel seu llibre *Final del laberint*, va començar el reconeixement públic de l'autor. Tot i que hi havia hagut alguna lectura pública de *Primera història d'Esther*, el 1957 s'estrenà al Palau de la Música Catalana amb gran afluència de públic. Un any després, en un escenari més modest, es va representar *Antígona*, una recreació de la tragèdia clàssica que Espriu havia escrit en plena Guerra Civil Espanyola per denunciar tot just «la guerra entre germans» i la crueltat dels dictadors.

Encara més positius van ser per a l'escriptor els anys seixanta. Lliure de responsabilitats familiars, podia prescindir del treball d'escrivent de notaria que havia hagut d'assumir vint anys enrere i que tant de temps i energies li prenia; endemés, el seu germà Josep, metge de la mútua Assistència Sanitària Col·legial, li va facilitar una confortable col·locació com a jurista, que li permetia una major disponibilitat de temps. D'altra banda, l'escassa crítica literària d'aleshores s'ocupava assíduament de la seua obra i es portaven a escena textos seus, fins i tot alguns no pensats inicialment per ser representats; per exemple, *Ronda de mort a Sinera*, l'obra que més èxit assolí, era un muntatge a partir de textos preexistents. Es va representar no sols a Barcelona i en altres ciutats catalanes, sinó també a Madrid, a París, al Festival de Teatre de Venècia... Endemés, *Primera història d'Esther*, per a molts crítics el millor llibre del corpus espriuà, va merèixer noves reposicions i es va portar també a diversos escenaris europeus.

No hi ha dubte que, en l'acostament al gran públic de la poesia de Salvador Espriu, hi va tenir un paper destacat el cantautor Raimon (Xàtiva, 1940), el qual va musicar molts poemes d'autors clàssics en llengua catalana. L'LP amb la seua versió de les «Cançons de la roda del temps», segona part d'*El caminant i el mur*, va assolir un gran èxit de vendes. Però els poemes d'Espriu més divulgats per Raimon van ser «Inici de càntic en el temple», «Indesinenter» i «El meu poble i jo», escrits ja als anys seixanta.

Encara que no va participar pròpiament en la lluita clandestina contra la dictadura, és ben cert que no dubtava a signar manifestos a favor de les llibertats democràtiques quan li ho requerien i participava amb l'oposició en actes significatius, com la famosa *Caputxinada* (del 9 a l'11 de març de 1966). De fet, la seua correspondència així com el seu telèfon van ser intervinguts per la policia i va arribar a ser processat.

Per diverses instàncies es va demanar per a ell el premi Nobel, que el Govern de l'Estat va interferir, és clar. Però el 1971 la Universitat de Tübingen li va atorgar el premi Montaigne. Ja durant els anys setanta, la seua atenció va arribar a ser tan requerida que els seus familiars van haver de fer de filtres perquè la seua salut i la seua tasca literària no se'n ressentissin. I encara va tenir temps d'escriure, entre altres coses, un llibre de proses cabdal en el conjunt de la seua obra, *Les roques i el mar, el blau* (1981). És un conjunt de cent proses breus –moltes no omplen més d'una pàgina– sobre un personatge o motiu extrets de la mitologia clàssica, en les quals Espriu va abocar, a manera de summa, la seua experiència de savi escriptor.

Va faltar el 22 de febrer de 1985 a causa de l'afecció cardíaca que arrossegava. Tenia, doncs, 72 anys.

2. APROXIMACIÓ A LA SEUA PRODUCCIÓ LITERÀRIA

2.1. L'obra narrativa

2.1.1. Un narrador precoç: *Israel* (1929), *El doctor Rip* (1931) i *Laia* (1932)

Encara que sovint se'l considera només com a poeta, Salvador Espriu, que es manifestà ben aviat com a escriptor, sorprengué els amics més pròxims quan el 1941, en una tertúlia, volgué llegir-los uns poemes escrits per ell. I progressivament des d'aleshores es lliurà sobretot a la creació poètica. Josep Pla ho entengué com una evolució natural en un prosista que des de bon començament havia mostrat un interès tan acusat per l'estil. En efecte, en el seu primer llibre, encara en castellà,[11] *Israel (Bocetos)* (1929), un breu aplec de proses al voltant de figures bíbliques, predomina la voluntat d'estil; de fet, el model que l'incipient escriptor havia triat no era altre que Gabriel Miró (1879-1930), sens dubte un orfebre del llenguatge. Endemés, una altra constant de l'obra espriuana que ja hi observem, malgrat l'agnosticisme de l'autor, és la presència de la Bíblia, molt present també en Miró, tot i que a Espriu li interessava sobretot l'Antic Testament.

Durant un temps, tenia la intenció de reescriure aquest en català. Cal dir, però, que el mòbil d'aquesta voluntat de reescriptura no era solament la fidelitat a la pròpia llengua,

11. En efecte, l'escolaritat de Salvador Espriu coincidí amb la dictadura de Primo de Rivera i hagué de fer-la tota en castellà.

sinó també el seu constant afany de correcció lingüística i de perfecció d'estil. De fet, el seu primer llibre en català, que escrigué poc després, *El doctor Rip*, va ser objecte d'incomptables canvis.

El doctor Rip (1931) tracta de les experiències d'un metge que s'autodiagnostica un càncer fatal. Aquest tema del dolor i la mort, en avant tan freqüents en Espriu, li fou suggerit per una novel·la d'un escriptor en castellà contemporani de Gabriel Miró, Wenceslao Fernández Flórez (1885-1964), *Los que no fuimos a la guerra* (1930), en què comenta la inexistència d'una novel·la sobre un cancerós. Així mateix, el personatge protagonista i narrador en aquella altra obra és també de tarannà nihilista. A més a més, com Espriu féu fins a la dècada dels cinquanta si més no, Fernández Flórez es decanta per una visió personal i no col·lectiva del dolor i dels problemes humans en general. A propòsit dels horrors de la Guerra Europea, que Espriu devia haver sentit comentar sovint encara d'infant, Fernández Flórez fonamentava així la seua opinió:

> *Si todo aquel inmenso dolor fuese vigilado y percibido, el mundo hubiese impedido la continuación de tantos horrores. Pero entonces nadie atendía al hombre, ni se hablaba de él, sino de ejércitos en los cuales los hombres no eran más que partículas de esta o de la otra nación, de estas y de las otras razas, de la Humanidad pomposamente. Y Goethe ya dijo que «no hay Humanidad: no hay más que hombres». La Humanidad no sufre; el hombre, sí. No existe un solo dolor colectivo.*[12]

---

12. Fernández Flórez, Wenceslao: *Los que no fuimos a la guerra*,

En definitiva, *El doctor Rip* és una narració en què la proximitat del seu decés mena el protagonista a plantejar-se lúcidament qüestions fonamentals de caire ètic i metafísic tot rememorant alhora diversos episodis de la seua vida, poc afortunada per cert. D'altra banda, s'observa ja en aquesta breu novel·la la tendència a bastir els personatges i els escenaris a partir de la realitat que envolta l'autor, en aquest cas un ambient burgès, malgrat els orígens del protagonista en un poble de pescadors.

Laia (1932) sembla, d'entrada almenys, tota una altra cosa. El punt de vista del narrador és ara omniscient, i l'espai així com l'extracció social dels personatges són ben diversos: la narració transcorre en el món d'un petit poble de pescadors. Ja en aquest llibre Espriu comença a usar el nom de *Sinera* pensant en el poble dels seus avantpassats i de tants records de la seua infantesa, o siga, Arenys de Mar. Si invertim el mot d'*Arenys* i canviem la *y* grega per la llatina, el resultat és el nom del mite i el topònim imaginari ideats per Salvador Espriu, de tant de rendiment al llarg de la seua obra. De totes maneres, potser perquè en les primeres edicions de *Laia* afegia escenaris d'altres poblacions amb la mateixa denominació, preferí en avant fer fora el topònim en aquesta novel·la.

A més a més, *Laia* traeix un moment de dubte i trànsit en l'autor des del psicologisme realista del llibre anterior

---

Editorial Renacimiento, Madrid, Barcelona i Buenos Aires, 1930, p. 172. Observeu, d'altra banda, aquesta devaluació de les problemàtiques col·lectives, que en Espriu, com en tants escriptors del moment, no són represes fins als anys cinquanta. Tot just quan ell es planteja d'escriure el poètic «Cicle de la Col·lectivitat».

envers una visió grotesca i poetitzant dels personatges. L'acció discorre al voltant de Laia, la protagonista, i, com en el cas del personatge de Rip, repassa totes les etapes de la seua vida, ara el d'una dona pobra d'un poble de la costa. Sembla endemés una figura provinent de l'escola simbolista: trets ben definits i alhora misteriosos, dotada d'un estrany atractiu, com una personificació de la visió tràgica de la vida. Fet i fet, és el tipus de dona inductora de la mort, propi de la dramatúrgia simbolista.

2.1.2. La novel·la impossible: 'Aspectes' (1934) i 'Ariadna al laberint grotesc' (1935)

Tant *El doctor Rip* com *Laia* són novel·les breus, que reflecteixen de manera sintètica dos mons, l'urbà i el pobletà respectivament, tot i volent definir una sola cosmovisió, la d'un jove –força jove– i ambiciós narrador. Alguns companys de la universitat que l'admiraven tenien plena confiança en les seues possibilitats de novel·lista. Carmen Boyé, companya universitària, comentava sobre això: «Ni Espriu ni nosaltres no vam pensar mai que abandonés la novel·la per sempre. Ell creia que arribaria un dia en què es podria dedicar a la novel·la i que un *roman fleuve* podria coronar la seva obra».[13] Però aquest dia, malgrat la relativa comoditat que gaudí els darrers anys de la seua vida, no arribà pas, segurament perquè, al capdavall, la manera de fer d'Espriu, cada volta més primmirada, no s'adeia pas amb la de l'escriptor del *roman*

13. Boyé, Carmen: «Evocació de Salvador Espriu», *Revista de Catalunya*, núm. 5, 1987, p. 168.

fleuve. Continuà tota la vida, però, escrivint –i reescrivint– de tant en tant narracions breus, sempre amb gran cura de l'estil.

Pocs anys després de *Laia*, publicà *Aspectes* i *Ariadna al laberint grotesc*, dos llibres de relats breus. En realitat, en tots dos reculls, alguns textos semblen brillants novel·les embrionàries, condensades, en les quals no falta la tensió narrativa. De vegades, la història s'estructura fins i tot en brevíssims capítols. És el cas, per exemple, de «La rierada» en el primer recull, i, en el segon, de «Tereseta-que-baixava-les-escales», una de les narracions més lloades per la crítica. En aquests reculls, sobretot en el segon, Espriu reuneix el món urbà i el rural a manera de gran retaule de la societat del seu temps, que ell veu en decadència.

Les narracions d'*Aspectes* volen ser ja una consideració plural i polièdrica de la realitat segons anuncia el títol del llibre; però la idea dominant en el conjunt dels textos és la indefectibilitat d'un mateix procés en la vida de l'ésser humà, metaforitzat en la corba dibuixada per un projectil. Aquesta concepció determinista de l'existència es fa evident en dos moments del llibre. Primerament, en les línies finals de la narració «Auca tràgica i mort del Plem»:

> Un esquinçat cridava, enmig de la fredor dels transeünts i de l'aigua, la no gens interessant notícia de la pèrdua de les últimes colònies del país oficial. El garrot del captaire anava percudint la vorera xopa. El cec palpava alhora la mossa, que reia i taral·lejava. Els esclafits de la Neua subratllaven i comentaven la decadència d'un procés històric que alguns han negat, però, sense una mica de raó.

Es refereix òbviament a Espanya (el «país oficial») i a la pèrdua de les darreres colònies el 1898. Un eco tocatardà, per tant, de les preocupacions regeneracionistes del tombant de segle. El mateix tema, però des d'una perspectiva més àmplia, el trobem en una altra de les narracions, «Cactus», en què explica l'èxit ornamental d'aitals plantes exòtiques amb aquests arguments:

> El cactus era, però, en realitat, un càstig que els indígenes d'Amèrica infligien a l'esperit de l'home blanc. Era la venjança de les races de color, el crit de rebel·lia de pobles des de sempre sotmesos, que ara imposava a la moribunda cultura blanca la humiliació d'aquestes exòtiques ofrenes. Roma, fallida, es va donar al decadentisme de cultures asiàtiques. Europa, agostada, es lliurava a la follia d'adoracions bàrbares: el peyote, la música negra. Els europeus volien banyar el seu cerebralisme en les deus d'un primitivisme sense complicacions i s'esbalçaven, indefensos, en una vella i inexorable salvatgeria sense límits. [...] Les dones s'enllaçaven de mans i ballaven entorn del nou ídol la immemorial i sempre actualitzada dansa fàl·lica.

Hi estableix, doncs, un paral·lelisme entre la decadència de Roma i la de l'Europa contemporània, originades totes dues per la pèrdua de la respectiva puresa cultural. Al capdavall, segons conclou la narració, la història dels pobles, com la vida de cada ésser humà, va «a la recerca d'altres històries en aparença noves, pels obscurs i canviats passadissos que sempre havien d'acabar en cua de peix».

També l'altre conjunt de proses, *Ariadna al laberint grotesc,* és precedit d'unes línies a tall d'introducció. En elles, l'autor suggereix que les vides dels humans transcorren per itineraris tancats, com acabem de veure en «Cactus»; però són les darreres línies de l'esmentada introducció les que aporten la clau del gir que s'observarà en Espriu d'ara en avant: «Després varen venir tanmateix temps ben difícils, i aquell destí es va espatllar, i també el meu, i potser el de tots nosaltres». En efecte, l'escriptor treu el cap a una realitat social de sobte adversa (els més amunt comentats Fets del 6 d'Octubre de 1934), que anuncia el final de les esperances que la Segona República començava a fer realitat. Si en *Aspectes* la seua escriptura es nodria sobretot de literatura –cada narració anava precedida d'una citació d'autor divers–, ara expressa sense filtres els seus neguits davant la situació social que l'envolta, cada dia més deteriorada. Per exemple, s'observa en aquestes altres narracions una pregona preocupació per l'èxit del feixisme a Europa, que l'autor expressa mitjançant el personatge Escolampadi Miravitlles, «reformador tocat de feixisme» (segons el descrivia en les primeres edicions del llibre).[14] I en reprendre el seu interès pel curs de la història dels pobles, la qüestió més insistida serà la decadència de Catalunya. «El país moribund» és l'explícit títol d'una narració en què Catalunya, personificada i dotada fins i tot d'«ànima», manté un diàleg força interessant amb el personatge narrador:

14. A propòsit d'aquest personatge, Rosa M. Delor («Reflexions paral·leles: *Ariadna al laberint grotesc* (1934-35) i la crisi de la República», *Revista de Catalunya* núm. 43, 1990, p. 129-130) recorda que el 30 de gener de 1933 Hitler havia esdevingut canceller del Reich, i que al congrés del partit nazi a Nuremberg (setembre del mateix any) hi assistí un polític de la dreta espanyola tan influent com Gil Robles.

«Sóc una ombra, una carcassa. [...] Aliens a una tradició de profunda cultura i de finesa, els meus fills no s'interessen per l'esperit. Materialistes com són, imiten tècniques estrangeres. I ara justament, moribund i cansat, visc a la força una mascarada grotesca, els càlculs d'unes ments ambicioses i promptes a trair, una ganyota mesquina. Sóc només una anacrònica silueta medieval.» «No, ets un gran país, un país d'esdevenidor, diantre!», el vaig interrompre. «Una silueta medieval? I què, saps la importància que et resulta d'això?».

2.1.3. L'altre com a objecte de desig i la qüestió de la identitat personal: 'Miratge a Citerea' (1935), 'Letizia' (1937) i 'Fedra' (1937)

Es tracta de tres relats a mig camí, per la seua extensió, entre el conte o narració breu i la novel·la, però amb el tremp narratiu i la densitat suggeridora de les narracions anteriors. Tanmateix, potser perquè foren escrites inicialment amb el propòsit d'evadir-se de la conflictiva realitat social del moment, semblen d'entrada un apart –potser un confortable parèntesi noucentista– dins de l'obra espriuana, que en avant retornarà a la visió *grotesca*. Això sí, com explica Carles Miralles:

> Són, com *Laia*, relats sobre una dona o a l'entorn d'una dona o posats per l'autor en boca d'una dona. Si Laia incorria, tràgicament, en adulteri, Fedra pateix des d'Eurípides –en literatura– de mal d'amors per un fillastre. *Miratge a Citerea* s'enfronta al tema de l'amor entre dones i *Letizia* conta com el marit de la dona que dóna nom al relat, morta ella i enterrada

a les quatre de la tarda del dia en què transcorre l'acció, acaba confonent la morta amb una dona misteriosa que es queda a casa de ell quan els amics se'n van.[15]

En aquestes novel·les breus el jove Espriu tracta el tema de la relació amorosa com un joc de miratges. El títol de la primera ens situa ja d'entrada en el tema.[16] L'autor hi basteix una història d'amor entre dones sols en aparença, segons s'explica al «Pròleg» fictici de la narració: «*Miratge a Citerea*: unes dones joves dedicades a percaçar en elles, a través d'elles (enlluernades, arrossegades per un miratge inevitable), l'home, parencer, complement i víctima». I els *miratges* són freqüents al llarg del text:

> Aquesta nit he tingut un malson, he somniat que l'Emili em besava. Encara que potser no era Emili, sinó Tarzan. O Maria de Llodio? Aparta, aparta, Satan! [...] Maria de Llodio ha aparegut al seu moment. Venia molt xopa, i Tarzan-Emili l'ha contemplada per primer cop amb desplaer. Jo la volia acaronar, i els braços em fugien vers Tarzan-Emili. [...] ¿Ets Tarzan, Maria de Llodio? ¿Ets Maria de Llodio, Tarzan? [...] Ens sentim amarades de tendresa i molt dissortades. Maria de Llodio abandona les mans entre les meves. De sobte, ens ha passat una cosa estranya i terrible: ens hem trobat, sense

15. «Salvador Espriu», dins *Història de la literatura catalana (part moderna)*, vol. X, dirigida per Joaquim Molas, Editorial Ariel, Barcelona, 1987, p. 396.
16. Recordem que Citerea –o Citera– és l'illa on, segons la tradició, nasqué Afrodita.

saber com, abraçades, i jo besava apassionadament els llavis de Maria de Llodio. «*Charles, cheri*», ha dit la mare. Jo no he dit res, però pensava en Emili i oprimia el cos de Maria de Llodio com si fos el meu i com si jo fos Emili. M'he sentit defallir. Ens hem separat, avergonyides.

Al fons del fons, hi ha el problema de la identitat personal, que en la pràctica tractem de solucionar subjectant-lo a les convencions d'un determinat rol: Carlota acabarà com a esposa de l'enginyer Emili i Maria de Llodio s'exclaustrarà i es casarà amb Charles, «el seu primer i únic amor». Siga com siga, l'ambigüitat no es resol del tot per a Espriu, que l'expressa subtilment en aquest cas amb el parentiu dels noms de Carlota i Charles.

També en *Letizia*, que du el subtítol d'*Un conte de Poe sense Poe ni por*, trobem la qüestió de la indefinició de l'objecte del desig, com ja ocorria en el relat d'Edgar Allan Poe *Ligeia.* Ara es tracta d'un home que no distingeix entre dues dones. Heus aquí les línies finals de la narració d'Espriu:

> Optava a la fi per abraçar Carola i, alhora, una imatge que per instants se m'esborrava de la meva Letizia, pàl·lida i desemparada dintre el taüt, sota un xiprer, trista sota la terra molla, sola sota la lluna de coure. Vaig estimar apassionadament, tota la nit, Carola Marelli.

Fet i fet, l'enamorament és per a Espriu sempre un miratge, com ho tornem a comprovar en *Fedra*, en què l'enamorament de la qual envers Teseu és vist per la veu narradora com «un miratge efímer, un miratge amb tot inevitable». I quan molts anys després l'escriptor reprèn la mateixa història en la narració corresponent a «Fedra» de *Les roques i el mar, el blau* (1981), Fedra explicarà la seua relació amorosa amb Hipòlit de la mateixa manera: «I jo l'estimo, de debò l'estimo, a pesar de tot l'estimo, tan sols a ell, no l'infeliç noi caçador. Aquest ha estat un miratge, com tots efímer, com alguns funest. Jo el buscava en el fill, a través del fill, en la seva amargosa absència, tothora llunyà, distant. Buscava potser la meva perduda joventut».

2.1.4. 'Les roques i el mar, el blau' (1981)

Aquella llarga pausa i aquell dramàtic interludi que van suposar l'esfondrament de les esperances republicanes i la Guerra Civil com a conseqüència, aportà altres proses: *Petites proses blanques* (1937), *La pluja* (1952), *Les proses de «la Rosa Vera»* (1951-1956). Són breus reculls de textos en prosa però d'una notable tensió lírica, en què sovint s'intueixen, sota un llenguatge figurat, fets i situacions, vivències i reflexions, que més avant reflectirà l'autor en els seus primers poemes coneguts. D'alguna manera operen de transició envers l'Espriu sobretot poeta.

Així, doncs, pot dir-se *grosso modo* que Espriu abandona el seu vessant de prosista a partir dels anys quaranta, tot i que la reedició de textos desvelava cada vegada el seu afany perfeccionista i exigent, i li feia esmenar –en alguns casos refer– la seua obra narrativa. Tot i això, encara escriví de bell nou algunes narracions publicades pòstumament, com *Els contes de «Les ombres»*, un recull que aplega alguns del seus millors textos i en què reapareixen personatges, temes i fins i tot els mateixos títols en algun cas d'obres anteriors. Un dels relats, «Tres sorores», ha estat força lloat per la crítica. La ganyota expressionista –*grotesca*– de l'Espriu més característic hi recala «en el món de la gran literatura de la pietat i la comprensió», com diria Josep Pla.[17]

Sobretot cal fer atenció a un llibre de proses, *Les roques i el mar, el blau,* que encara publicà en vida. Consta de cent textos breus –alguns no arriben a la pàgina–, en els quals l'autor exhibeix un gran domini de les tècniques narratives comentant de manera molt lliure i brillant figures, anècdotes, mites i llegendes de la tradició clàssica grecollatina. En realitat, són una summa excel·lent dels grans temes tractats per Espriu al llarg de la seua obra, ara vistos, és clar, amb la tranquil·la lucidesa que aporten els anys viscuts i la llarga reflexió, distants de la crispació traumàtica que li van suposar la Guerra Civil Espanyola i les seues conseqüències. Fins i tot podria pensar-se que l'autor en aquest llibre ha pretès llegar-nos el seu testament intel·lectual i alhora humà, força compassiu. En aquest sentit, és revelador que l'últim dels textos represente un funeral que ben bé podria ser el del mateix escriptor amb el nom de Salom, un dels seus pseudònims. Espriu s'hi retrata, evidentment, quan hi diu per boca de l'oficiant de la cerimònia:

---

17. «Salvador Espriu», dins *Homenots*, cinquena sèrie, *Obra completa*, vol. XXIX, Editorial Destino, Barcelona, 1975, p. 228.

Va treballar, però no va omplir cap bossa. No va gastar mai gaire salut. Procurava dir a tothom la veritat. No li'n feien ni un bri de cas, com és natural, perquè és de boigs presumptuosos el trencacolls d'esbrinar què és la veritat i comunicar-ne les resultes. Va cultivar la poesia. [...] En resum, ens hem referit a algú que exhibia [...] un cert desdeny per les ideologies closes.

2.2. El teatre

En realitat, sembla que escriure teatre no entrava en els plans d'Espriu. Segons diu al «Prefaci», la primera redacció d'*Antígona* –era pel març de 1939– sorgí per la necessitat d'expressar el seu malestar davant la Guerra Civil Espanyola i el triomf del feixisme al voltant d'un personatge de la tragèdia grega representatiu de la comprensió entre parts en litigi i de la pietat als morts. Recordem que, segons la tradició literària, Antígona era germana d'Etèocles i Polinices, els quals, disputant-se el poder de Tebes, moren l'un en mans de l'altre. El nou rei, Creont, honora el primer i ordena que el segon romanga sense sepultura. Antígona no pot acceptar aquesta prohibició i el soterra. Creont la fa ajusticiar.

Espriu, que no s'havia sentit solidari de cap bàndol en la guerra espanyola del 36, trobava en Antígona el personatge mitològic que millor s'esqueia per expressar el seus neguits, i en la seua lliure versió de la tragèdia introdueix un *alter ego* seu, el geperut Eumolp, és a dir, 'el que canta bé', element dissuasiu de l'heroïna, de primer, i, finalment, partícip tot acompanyant-la en la mateixa condemna. Espriu publicà encara més teatre inspirat en la tradició tràgica: *Una altra Fedra, si us plau* (1978), potser un dels seus textos menys afortunats.

Tanmateix, ha estat llargament comentada i lloada per la crítica una peça dramàtica de gran originalitat formal i, sobretot, fonamental per entendre el complex món espriuà: *Primera història d'Esther* (1948). En aquesta ocasió, a més de clares referències al filòsof Spinoza i a motius de la mística jueva, com han mostrat els comentaristes, l'autor cerca establir paral·lelismes entre la marginació històrica del poble català i l'esclavatge dels antics hebreus infligit pels perses segons les anècdotes narrades a l'Antic Testament; però, alhora, l'autor es fa entendre una mica més en qüestions ja plantejades en obres anteriors i que reapareixen en la seua obra poètica. Força significativa és l'explicació que s'hi dóna sobre la diversitat de criteris, origen de tants plets i vessaments de sang, en un dels parlament del personatge cec l'Altíssim:

> Atorgueu-vos sense defallences, ara i en créixer, de grans i de vells, una almoina recíproca de perdó i tolerància. Eviteu el màxim crim, el pecat de la guerra entre germans. Penseu que el mirall de la veritat s'esmicolà a l'origen en fragments petitíssims, i cada un dels trossos recull tanmateix una engruna d'autèntica llum.

2.3. La poesia

Com ja s'ha vist, la dedicació a la poesia és relativament tardana en Salvador Espriu. Si bé ja hem al·ludit a les proses poètiques que escriu als anys trenta, el poema datat més antic de què tenim notícia és de 1934 i apareix publicat en la primera edició del recull *Les cançons d'Ariadna* (1949). Es tracta del poema «Dansa grotesca de la mort», pensat tot just davant els Fets del 6 d'Octubre del mateix any, que per al joveníssim escriptor anunciàvem tard o d'hora el final de la segona República. Endemés, segons el seu testimoni, durant els anys de la Guerra Civil Espanyola començà un llibre de poemes suposant que no n'escriuria cap més, i més tard encara adduïa que la seua dedicació als versos era episòdica i motivada pels tristos esdeveniments que aquells anys li tocà de viure, entre el quals cal esmentar la mort sobtada del seu gran amic, el poeta i company d'estudis Bartomeu Rosselló-Pòrcel.[18]

Per a l'edició de les *Obres completes*, el poeta seguí el pla que tenia llargament estudiat, i agrupà els seus llibres de poemes en dos cicles, el de la «mort» –fonamentalment, una reflexió sobre la finitud de l'ésser humà– i el de la «col·lectivitat» –o de l'obertura solidària a la condició social.

Seguirem, doncs, l'ordre buscat per l'autor i començarem com ell fa per *Les cançons d'Ariadna*, tot i que aquest recull de poemes no forma part del cicle de la «mort» ni fou certament el primer publicat. En l'edició definitiva, la de les *Obres completes* (1985), consta de cent poemes, que en conjunt són –com hem dit ja de les cent proses de *Les*

18. Vegeu el testimoni de Miquel Arimany en Autors diversos, *Memòria de Salvador Espriu*, Centre de Documentació i Estudi Salvador Espriu i Edicions 62, Arenys de Mar, 1988, p. 19-20.

roques i el mar, el blau– una summa dels temes habituals en l'autor i dels seus registres literaris. Així trobem poemes narratius que fan referència al món *grotesc* de Sinera («Boda de Laia» o «Baralla de cecs captaires»), textos força lírics sobre la mort i l'hipotètic més enllà («De nou Llàtzer, tal vegada a bocins» o «Barca osiríaca»), sobre motius d'actualitat (*«I beg your pardon»* o «Veient Rosie a la finestra»), sobre qüestions metafísiques («El sotjador» o *«Nusquam est qui ubique est»*), sobre la problemàtica cívica (*«Indesinenter»* o «Inici de càntic en el temple»), etcètera.

2.3.1. El cicle poètic de la finitud

Pot dir-se que *Cementiri de Sinera* és un llarg poema dividit en trenta seqüències, la majoria més aviat breus, i el títol s'ajusta força bé a la temàtica general: d'una banda, ens situa en un espai de record dels avantpassats («Et deixo / el sepulcre vastíssim / que fou terra dels pares») a on el jo líric necessàriament haurà d'anar a raure («farà la via / vers el xiprer»). Es tracta, però, d'alguna localitat concreta simbòlica que ens suggereix les velles *pólis* dels grecs, amb el seu paisatge netament mediterrani («entre vells límits / de la vinya i el mar»), on no poden faltar uns determinats sorolls evocadors («cristall, memòria, / remor de font, de clares / veus llunyanes»), i hi ha sobretot les vinyes («carenes / de fenollars i vinyes»; «turons de pins i vinya»; «arriba el raïm tendre»; «foc proper dels pàmpols») i l'erm polsegós del rials costaners («pols de rials»), que menen rierades a la mar («la mar en calma»; «com calla el mar!»; «somniant mars en calma, / la claror de Sinera»).

D'altra banda, el to inqüestionable d'elegia que travessa el llarg poema-llibre (dividit en seqüències) no és imposat pel nucli temàtic, la finitud de l'existència, sinó més aviat pel subtema del daltabaix –pensem en el context sociopolític d'aleshores– d'unes esperances personals, que també eren col·lectives, de país:

Claror d'abril, de pàtria
que mor amb mi, quan miro
els anys i el pas: viatge
al llarg de lents crepuscles.

I el poeta, representant tota una generació, se sent morir, i els «crepuscles» l'indueixen a mirar enrere, a «la casa perduda», motiu central de la seqüència XXV, que comença: «A la vora del mar. Tenia / una casa, el meu somni»... Tot just, aquest text –o poema–, un dels més bells d'Espriu, relativament llarg en el conjunt del recull, desenrotlla el contrast entre un abans (les tres primeres estrofes) i un avui (les altres tres) a partir de «la basarda» que desvela la simbòlica «pluja» destructiva. El jo líric es troba en «nit de fosca» i en el perill de «naufragi», desprotegit de «tot repòs i l'ordre» que la pàtria li havia afavorit, i, a més a més, sense llibertat (sense «lliures / camins»).

El llibre de *Les hores*, tot i que com *Les cançons d'Ariadna* conté alguns del primers poemes d'Espriu en les dues primeres parts, no fou publicat sencer fins molt més tard, amb una tercera afegida escrita ja des d'altres plantejaments o motivacions. Siga com siga, la pietat als difunts és l'assumpte en què més s'insisteix en l'obra d'Espriu a partir de la seua versió d'*Antígona* i al llarg de tot el «cicle de la mort», i al voltant d'aquest nucli temàtic cercarà de donar unitat de contingut a les dues primeres seccions de *Les hores*. De fet, la primera porta la dedicatòria «Recordant B. Rosselló-Pòrcel (5-1-1938)», i la segona, «Recordant sempre la meva mare (7-VIII-1950)». Les dates corresponen a les del decés d'aquests dos personatges, tan decisius en la vida de l'autor. En definitiva, pareix clara la intenció del poeta de rescatar de l'oblit els seus dos difunts de record més entranyable.

De la primera part, és força emotiu «Petita cançó en la teva mort». Dos motius molt clars d'aquest poema són la referència al carrer de l'Om, on havia viscut B. Rosselló-Pòrcel amb els seus pares a Palma de Mallorca, i la mort solitària del fill, sobtada i lluny dels pares i dels amics.

Més complexos semblen els poemes de la segona part «Vianant» i «Viatge d'hivern». En el primer, l'escriptor, des de l'acceptació del dolor i del misteri («Suporto abismes / i el secret de la flama que dóna / una esperança de claror»), aspira a una felicitat tranquil·la i el tempta la decadent passivitat del solitari («Els llums del vespre encenen / quieta felicitat, rera les portes / del palau solitari»). Tanmateix, se sent cridat per l'inconformisme, pel «cor» dels «rebels», que viuen els «somnis» de canviar i remoure la realitat («que obeeixen / disciplines de pluja»). D'altra banda, aquest poema, com altres d'aquest llibre, emparenta la idea d'Espriu amb la de Rosselló-Pòrcel –tan divergents en altres assumptes–, segons la qual el poeta era una mena d'àngel o ésser intermediari de «l'alta bellesa», com diu Espriu en el poema del mateix recull *Kerubim*, o de «la llum que defineix les coses / que han estat donades als noms», segons ho expressava l'amic poeta en el seu poema clau «El captiu», del llibre *Imitació del foc*.

Al poema «Viatge d'hivern», sembla que s'empara del seu autor un desistiment aclaparador, a conseqüència del daltabaix històric de la seua generació. Evidentment, els darrers versos mostren que amb la «sang» es refereix a la vessada en la Guerra Civil Espanyola. En realitat, es tracta d'un símbol que es congria en *Antígona*, l'esmentada obra escènica adaptada per Espriu pensant en la guerra i les seues conseqüències que hagué de sofrir: «Només / sé ara que la sang / m'ha destruït el món».

La tercera part del llibre aplega motius suscitats per un viatge a Itàlia («Oliverar, prop de S. Chiara») i diverses al·lusions al seu país i al futur d'aquest, alhora que es refereix al paper de poeta, que ell com de costum satiritza, en aquest cas fins i tot amb escarni («Ofrenat a Cèrber»).

Mrs. Death consta de quaranta poemes amb títol propi. Segons l'autor, a manera de petita comèdia dantesca,[19] s'hi poden distinguir tres parts, Infern, Purgatori i Paradís, malgrat que aquestes no estiguen gràficament diferenciades.

---

19. Espriu, Salvador: *Enquestes i entrevistes II (1974-1985)* (edició crítica i anotada de les enquestes i entrevistes fetes a Salvador Espriu, a cura de Francesc Reina), Centre de Documentació i Estudi Salvador Espriu (Arenys de Mar) i Edicions 62 (Barcelona), 1995, p. 281.

Hi trobem exemples evidents de personatges característics de l'Infern dantesc, com el conegut *Paolo* o el creat per Espriu, *Un home gras de Meir*, viva representació de l'odi. D'altra banda, sembla evident que cap al final s'anuncia un canvi, alguna mena de salvació, com s'observa en «Díptic de difunts» i «Coèfor».

En el llibre predomina el to satíric i grotesc i ens situa des del poema inicial, «Mentre representem», en un escenari grotesc. Tots som titelles que unes «grans mans» s'enguanten i mouen realitzant així el destí («les paraules dictades»). Déu, l'emissor d'aquestes paraules, mira entristit la seua «obra / mancada, tan inútil», segons un altre poema («Dia de rebre»). La mort, que a ningú no perdona, consisteix tot just a eixir de l'escenari per deixar el lloc a un altre «comparsa», com diu al poema «Un home flac de Meir»:

> Reflectors, bambolines
> per al penat agònic
> d'un instant! De seguida,
> que l'euga se l'emporti
> al trot de la nit; molts altres
> comparses flacs esperen
> el torn de l'escenari.

El caminant i el mur és un llibre estructurat en tres parts bastant diferenciades. El títol de la primera, «Les ombres, el riu, el somni perdut», referit respectivament al record dels pròxims absents per sempre, al pas del temps i als projectes frustrats, fa pensar de seguida en les dues primeres parts de *Les hores*; però també en *Cementiri de Sinera*, ja que comparteix temes tan espriuans com el record dels difunts enyorats i els projectes frustrats. Tot just hi tornem a trobar el record de la mare, referida a través de la metonímia de les «mans», en tres poemes («Les roses recordades», un dels poemes més emotius del seu autor, «Des del mateix teatre» i «Aquest Nadal prop de la mar») i al seu amic Rosselló-Pòrcel en els tres següents.

Quant al títol de la segona part, «Cançons de la roda del temps», pot semblar d'entrada contradictori amb la idea del riu com a símbol de la vida que trobem en el de la primera. En efecte: el temps circular de la roda no s'adiu amb la marxa lineal –potser zigzaguejant però que mai no retorna– del riu. Però ambdues concepcions, per a Espriu, no són incompatibles. La vida de l'ésser humà i la història dels pobles, tot i que es desenrotllen en cicles, se succeeixen com si fos una línia espiral. D'altra banda, la segona part hi fa de contrapunt o de complement de l'anterior. En efecte, l'itinerari que fixen els títols dels poemes d'aquesta secció va des de «Cançó d'albada» a «Just abans de laudes», les hores en conjunt més lluminoses del dia, tot al·ludint a l'amplitud del mar i dels horitzons, en contrast amb el món de les «ombres» de la primera part.

Però la tercera secció suposa un trencament clar de la resta del llibre. D'un costat, la mètrica és de vegades inexistent i el ritme, abrupte; i retorna a l'estretor i a la fosca de la primera. En efecte, el títol d'aquesta part, «El Minotaure i Teseu», ens reporta el mite del laberint i d'Ariadna,[20] que

---

20. Recordem que Ariadna, filla del dèspota Minos, rei de Creta, es va

ja havia fet seu en el llibre de narracions *Ariadna al laberint grotesc* (1935) i en el llibre de poemes *Les cançons d'Ariadna* (1949). Aquell fou escrit, certament, en dates d'incertesa per a la història de Catalunya, circumstància a la qual es referia en la introducció corresponent: «Després varen venir tanmateix temps ben difícils, i aquell destí [el d'Ariadna] es va espatllar, i també el meu, i potser el de tots nosaltres». I com recorda l'endreça de la tercera part de *Les hores*, uns quants anys més tard es consumà el daltabaix, exactament el 18-juliol-1936, inici de la Guerra Civil Espanyola, data també la mort de Salom, l'*alter ego* espriuà dels anys de bonança. Però en el cas de la tercera secció d'*El caminant i el mur*, «El Minotaure i Teseu», l'autor ha prescindit dels serveis d'Ariadna per continuar parlant dels afers entre Teseu, principi ordenador i racional, i el Minotaure, símbol de tot impuls primari i irracional. Fet i fet, amb la tercera part d'*El caminant i el mur* –més obertament que amb la tercera de *Les hores*–, Espriu introdueix en la seva obra la dimensió civil o col·lectiva, que en el poema «Assaig de càntic en el temple», es veu força evident.

Consideració especial mereix el títol general del poemari. Antoni Vilanova hi ha observat «un doble sentit literal i metafòric, que unes vegades cal entendre com la muralla invisible que ens separa del nostre destí ignorat i ens guarda del perill mortal que ens amenaça, i que en altres

---

enamorar de Teseu, el qual volia matar el sanguinari Minotaure, que habitava en un laberint a Creta. Ella va decidir ajudar-lo i li va facilitar la solució d'un cabdell de fil perquè Teseu l'anés desfent en entrar al laberint per poder reconèixer després el camí de tornada.

casos ha pres una evident significació simbòlica, com a mer sinònim de la mort».[21] Endemés, el mateix comentarista, tractant de cercar en la Bíblia algun moment en què es relacionés la imatge del «mur» amb la del «caminant», ha assenyalat aquest text tan bellament expressiu que Espriu havia de conèixer: «Esperem la llum, i vet ací la tenebra, la claror del dia i caminem a les fosques. Caminem a les palpentes, com els cecs al llarg del mur, com a orbats dels ulls caminem a les palpentes, ensopeguem a ple migdia com al crepuscle, entre homes vigorosos ens assemblem als morts» (Isaïes LIX, 9-10). Es tracta també de la paràbola evangèlica dels cecs, que Espriu desenrotllà anys a venir en el llibre inacabat d'haikus *Per al llibre de salms d'aquests vells cecs.*

Final del laberint és el llibre –com *Cementiri de Sinera,* en realitat un llarg poema dividit en seqüències– que tanca el cicle sobre el tema de la finitud, o de la «mort», com deia el poeta. Ell pensava que era el seu llibre poètic més aconseguit, però no hi ha dubte també que permet una lectura especialment oberta a la lliure interpretació. Convé, però, conèixer primer unes poques premisses prèvies.

Per ajudar la lectura, disposem d'unes línies explicatives que el mateix autor escrigué com a pròleg de la primera edició: «Aquest llibre, *Final del laberint*, comença on acaba *El caminant i el mur*. La pietat i el càntic són per al presoner

21. «Dues cartes inèdites de Salvador Espriu sobre *El caminant i el mur*», dins Autors diversos: *Hispanic Studies in Honour of Geoffrey Ribbans*, Liverpool University Press, 1992, p. 315.

(Minotaure-Teseu) l'única sortida del laberint, i el cant dreça l'alliberat, a través del temps i dels quatre elements, al darrer repòs en la silenciosa unitat, en el pur no-res, on es resolen en identitat tots el contraris».[22] Anem a pams.

Per descomptat, *Final del laberint* no descriu cap experiència mística. Es tracta d'un viatge iniciàtic per exorcitzar el temor a la mort. Consisteix essencialment en un alliberament progressiu –hem vist que l'autor s'ha referit a «l'alliberat»– d'afectes; és, si es vol, la via purgativa, a la qual al·ludeixen d'una manera o d'una altra els pensadors místics, com és el cas del citat per Espriu al capdavant d'aquest llibre, Meister Eckiehart, qui empra el concepte d'*Abgeschidenheit* ('desinterès') per expresar l'empobriment progressiu de l'ànim fins a arribar al no-res i alhora a la possibilitat de la fusió en el tot. Així mateix, trobem el concepte de no-res en l'altre filòsof citat per Espriu al costat d'Eckiehart, Nicolau de Cusa. Segons aquest, com que Déu és infinit i, per tant, reuneix en si totes les coses, no tenim amb què comparar-lo ni el podem distingir de cap cosa; així que l'hem de copsar més aviat per allò que no és. D'altra banda, la idea de Déu com a ésser infinit és a la base també de la mística jueva i del pensament de Spinoza –dels quals Espriu estava força imbuït–, que trobem palès en altres moments de l'obra espriuana, sobretot en *Primera història d'Esther*, obra de teatre més amunt comentada. Són doctrines totes, pròximes al panteisme.

22. *Evocació de Rosselló-Pòrcel i altres notes*, Ed. J. Horta, Barcelona, 1957, p. 128.

2.3.2. El cicle poètic de la col·lectivitat

En el conjunt de l'obra d'Espriu hi ha un ordre buscat, que no coincideix de vegades amb el del procés d'escriptura. Com dèiem adés, aquest ordre el basava en «cicles». A més a més, arribats en aquest punt, els interessos literaris d'Espriu s'havien eixamplat, paral·lelament per cert amb altres poetes de l'àmbit hispànic si més no, com Celso Emilio Ferreiro, amb *Longa noite de pedra* (1962); Gabriel Celaya, sobretot pel seu llibre *Cantos íberos* (1955); Blas de Otero, amb *Pido la paz y la palabra* (1950) i *Hacia la inmensa mayoría* (1962), i fins i tot amb un poeta d'una generació anterior com Vicente Aleixandre, amb *Historia del corazón* (1954). Pel que fa a Espriu, si llegim amb deteniment *La pell de brau*, no costa d'adonar-se que el poeta ha arraconat el *jo*, o millor dit: ha descobert el *nosaltres*.

Endemés, en *La pell de brau* criden l'atenció per la seua insistència uns vocables ben significatius de la nova orientació: *esperança* i *sang*. Certament, ja havíem trobat junts *esperança* i *sang* en un poema de *Cementiri de Sinera* força significatiu del moment biogràfic que l'autor aleshores transitava: «No sé l'indret de l'illa / de l'esperança: només, / que sang que no he vessat / m'ha destruït el món». Ara, tot i que el poeta, vivament interessat pel col·lectiu, ja no parlarà de cap «illa», creu haver trobat un indret o meta per a l'«esperança» si som capaços de rentar la «sang» i cicatritzar les ferides de la Guerra Civil.

D'altra banda, amb el nom de Sepharad, tan insistit en aquest llibre, amplia la xarxa de referències culturals hebrees i cerca de suggerir paral·lelismes entre el poble jueu i el català;

però el que pretenia en realitat, segons explicava al «Pròleg» de la reedició de 1976, era «demostrar, enfront d'unes paraules d'Ortega, que també els homes de la perifèria peninsular érem capaços d'entendre el complexíssim conjunt dels essencials problemes ibèrics, de procurar de resoldre la tan difícil, entrebancada i entrebancosa convivència ibèrica». I això des del nom mateix triat, Sepharad, ja que es refereix a la realitat geogràfica peninsular completa, és a dir, que, igual que Joan Maragall, Espriu contempla l'encaix de Catalunya amb òptica iberista. D'altra banda, asseverava: «Quan parlo de Catalunya, m'agradaria que vostès entenguessin Països Catalans i la seva estricta personalitat. Jaume I el Conqueridor va voler des del principi que el País Valencià, el Regne de Mallorca i Catalunya formessin part, separats i amb personalitat pròpia, d'un tot nacional. Aquest fet s'ha de respectar, tot i que jo vaig encara més enllà, perquè m'agradaria que es respectessin tots els matisos, de poble a poble... [...] Hi ha un comú denominador que és la llengua».[23]

En el nou recull, integrat per cinquanta-quatre textos, s'observa alguna mena d'il·lació entre ells. Als primers, tot seguint el paral·lelisme amb el poble jueu, compara la Guerra Civil i l'enfrontament caïnita:

> Al cor de l'enveja vèiem arrelar
> amb esglai el gran crim de Sepharad:

23. *Enquestes i entrevistes II (1974-1985),* a cura de Francesc Reina, *Obres Completes-Edició Crítica,* Centre de Documentació i Estudi Salvador Espriu i Edicions 62, Arenys de Mar i Barcelona, 1995, p. 64, n. 252.

la infinita tristesa del pecat
de la guerra sense victòria entre germans.

I troba evident la necessitat de pactar plegades totes les parts: «Alhora víctima, botxí, / odi, amor, lament i rialla, / sota la closa eternitat del cel». És a dir, sota el gran «ull» del «sotjador», indiferent, el seu Déu –potser de vegades una personificació del destí–, que ara i adés trobem present al llarg dels seus llibres.

En *Llibre de Sinera* abunda el poeta en l'actitud d'obertura envers l'altre que ja hem vist en *La pell de brau.* Així mateix, tots dos llibres traslladen al col·lectiu allò que tant havia meditat en el cicle anterior reclòs a l'esfera personal. I si en aquell llibre, a propòsit de l'enfrontament civil i les seues conseqüències, s'havia implicat en «Sepharad» –versió solemne de la seua burleta «Konilòsia» d'altres temps–, en aquest s'oblida d'aquella realitat tan àmplia i distant –massa per a un sentir pregon i autèntic– i es replega envers la mítica Sinera, que ara s'eixampla fins a Lavínia –és a dir, Catalunya– o als Països Catalans a tot estirar.

És clar que entre *Cementiri de Sinera* (1946), elegia en estat pur davant la desfeta civil, i *Llibre de Sinera* (1963), un esperançat cant al país, s'havien produït esdeveniments històrics i biogràfics que permetien en el poeta un cert optimisme i que, malgrat el conegut tarannà gens procliu de l'escriptor, havien d'influir-la benèvolament en acarar la seua realitat i fins i tot els seus records. En conseqüència, el poeta se situa de nou a Sinera, però ja no al cementiri –«Quina petita pàtria / encercla el cementiri!», s'havia exclamat–, sinó en el marc d'un paisatge mediterrani al final del seu cicle estacional («a les despullades vinyes de l'hivern»), al qual Espriu, que acaba de fer cinquanta anys, li fa saber personificant-lo: «Contempla't en mi com esdevens / aconseguida mort de tu mateix».

I segons s'aproxima a la població, es veu «esdevingut batall / de campana esquerdada», és a dir, poeta de llengua esmorteïda o vexada. O profeta, que era per a ell el mateix. Però si els captaires passen de llarg per davant de sa casa, l'obsessiu Sotjador s'hi demora: «Sempre ressagat, el vell cec / que s'ho mirava tot des de les plagues dels ulls / [...] / obertes sense cap resposta / a les preguntes del nostre esglai». Altrament, ara les preguntes metafísiques ja no són d'abast només personal: «Al vell orb preguntava l'esglai / si el meu poble tindrà demà. / I la boca sense llavis va llançar / la riota que no para mai». I llavors, malgrat la seua assumpció lúcida de la finitud:

> Si podien, però, durar
> la llum parada, l'ordre clar
> dels xiprers, de les vinyes, dels sembrats,
> la nostra llengua, el lent esguard damunt
> de cada cosa que he estimat!
>
> Voltats de por, enmig del glaç
> de burles i rialles d'albardans,
> hem dit els mots que són la sang
> d'aquest vell poble que volem salvar.

Hi ha també, doncs, la mirada envers l'esdevenidor i alguna esperança de salvació col·lectiva, sobretot mitjançant la perduració de la llengua comuna; perquè, de tots els elements constitutius de la «petita pàtria», és la llengua per excel·lència allò que la representa. La mansuetud popular («poble bou») és adobada amb «necis jocs» dels del poder i la nau es troba en «l'última mar» –o conjuntura històrica– i, abatuda –han caigut els «arbres», símbols per a Espriu dels fidels–, definitivament perilla.

Com ja és habitual en el «Cicle de la Solidaritat», també *Setmana Santa* és un llibre bastit com un únic poema dividit en seqüències. Ara sembla, però, que no es pot passar avant sense acarar la qüestió de l'agnosticisme espriuà, sobre el qual la crítica, en referir-se ja a llibres anteriors, no s'havia posat d'acord.[24] Ell, repetidament, es definia en les entrevistes com a agnòstic amb alguna mena de vinculació amb el cristianisme. Tot i això, en previsió de malentesos, quan publicà *Setmana Santa*, deia al pròleg de la primera edició:

> Entorn d'ella [la mort] –eix, com sempre, de tota la meva obra– gira aquesta «Setmana Santa», que no s'esbalça, m'afiguro, en l'acreditat gènere de l'estampeta ni sofreix tampoc

24. En efecte, la problemàtica religiosa no era nova en aquest autor. De fet, molt abans d'aparèixer aquest llibre, entre finals del 1968 i principis de l'any següent, hi hagué una interessant polèmica sobre això, entre Joan Ferraté i Joan Fuster.

> que ningú s'alleri a discórrer, alegrant-se'n o lamentant-ho, sobre el fantasma de la meva *conversió*. Però crec que ens pertany el lliure, fonamental i imprescindible dret d'interrogar i indagar, sense rendir-nos mai a la coacció de cap pretesa autoritat, del color que sigui, sobre tota mena de problemes i qüestions. I estic alhora convençut que ni és superior en claredat o agudesa mental l'individu mancat del concepte metafísic de la vida, o que l'ha rebutjat o ha renunciat a ell, ni és més bo l'adherit a una o altra ortodòxia o credo, pietós o no. És contra aquesta doble fal·làcia, tan primària com estesa i freqüent entre nosaltres, que em revolto sense vacil·lacions, jo, vacil·lant i insegur de soca-rel.

De fet, a la seqüència V del llibre, a partir de l'anècdota de la Santa Cena, exposa als darrers versos el mateix programa ideològic, quan sosté que: «Mai no podrem, però, deixar / el lliure dret d'examinar / lleis, fonaments, límits, raons, / rengles d'enigmes sense fons, / amb lúcid, fred, subtil rigor». I a més a més, explica: «Car viure té tan sols valor / si preguntem davant l'assot / justicier de l'únic mot». És a dir, de la mort.

D'altra banda, hi diu basar-se en l'Evangeli de Sant Marc i en la mística jueva, fins i tot «en altres camins del pensament aliens a tota especulació transcendental», i, en efecte, s'hi troben en alguns textos al·lusions al tarot (el boig, el penjat, la torre...). Quant als evangelis, no solament extreu la narració del final de la vida de Jesús, sinó que també es basa en alguna de les seues paràboles. Per exemple, a les seqüències XVII i XVIII, es refereix al camell i al forat de l'agulla per satiritzar i condemnar les injustícies socials:

l'«amic del fort i tan injust / ordre, de l'or». Endemés, a la seqüència XXV, davant la famosa pregunta de Ponç Pilat, el governador romà de Judea, el poeta tracta d'evitar enfrontaments mitjançant la seua idea, única i plural alhora, de la veritat, que fonamenta, com hem vist a propòsit de *Primera història d'Esther*, en la mística jueva, és a dir, considerant-la com quelcom fet bocins des del principi: «Què és la veritat? / Vidre llançat, esmicolat, als quatre vents de la ciutat».

Però és als textos XXXVII i XXXVIII on realment planteja la gran incògnita per al cristià creient –per al catòlic si més no–: si Jesús havia ressuscitat o no. En el primer d'aquests, el poeta al·ludeix al capítol XVI de l'evangeli de Sant Marc, on es narra com Maria Magdalena, Maria «la mare de Jaume» i Salomé acudiren a ungir el cos de Jesús al sepulcre on se l'havia desat, i se'l trobaren buit. Tanmateix, segons el poema XXXVII, «la qui l'estima més», o siga, Maria Magdalena, el veurà «al seu davant». Espriu, molt caut, comença així el text següent: «Potser creieu / gens de fiar / uns ulls que tant / han estimat?».

Salvador Espriu hauria volgut que el «Cicle de la Solidaritat», com l'anterior, hagués constat de cinc llibres. No fou així, i tampoc completà el llibre d'haikus corresponent al text *Per al llibre de salms d'aquests vells cecs.* Potser li faltà el temps i la paciència necessaris; però encara publicarà un darrer recull poètic, *Per a la bona gent* (1984), que aplega poemes de diverses èpoques i intencions, sovint homenatges per diferents motius a artistes plàstics, escriptors, músics, cantants i altra «bona gent».

BIBLIOGRAFIA BÀSICA[25]

CAPMANY, M. Aurèlia:

(1972) *Salvador Espriu*, Editorial Dopesa, Barcelona.

CASTELLET, Josep M.:

(1971) *Iniciació a la poesia de Salvador Espriu,* Edicions 62, Barcelona.

DELOR I MUNS, Rosa M.:

(1993) *Salvador Espriu, els anys d'aprenentatge (1929-1943)*, Edicions 62, Barcelona.

ESPRIU I MALAGELADA, Agustí:

(1996) *Salvador Espriu,* Edicions Columna, Barcelona.

(2010) *Aproximació històrica al mite de Sinera*, Publicacions de l'Abadia de Montserrat, Barcelona.

ESPRIU, Salvador:

(1985) *Obres completes (Anys d'aprenentatge), I, Poesia, 1,* Edicions 62, Barcelona. Edició a cura de Francesc Vallverdú.

(1987) *Obres completes (Anys d'aprenentatge), II, Poesia, 2,* Edicions 62, Barcelona. Edició a cura de Francesc Vallverdú.

---

25. Per a més informació sobre la figura i l'obra de Salvador Espriu, pot consultar-se l'edició crítica de les seues *Obres completes* publicada pel Centre de Documentació i Estudi Salvador Espriu (Arenys de Mar) i Edicions 62 (Barcelona).

(1986) *Obres completes (Anys d'aprenentatge), III, Narrativa, 1,* Edicions 62, Barcelona. Edició a cura de Francesc Vallverdú.
(1989) *Obres completes (Anys d'aprenentatge), IV, Narrativa, 2,* Edicions 62, Barcelona. Edició a cura de Francesc Vallverdú.
(1990) *Obres completes (Anys d'aprenentatge), V, Teatre,* Edicions 62, Barcelona. Edició a cura de Francesc Vallverdú.
FUSTER, Joan:
(1977) «Introducció a la poesia de Salvador Espriu», dins *Contra el Noucentisme,* Editorial Crítica, Barcelona, p. 61-127).
MIRALLES, Carles:
(1987) «Salvador Espriu», dins *Història de la literatura catalana (Part Moderna),* volum X, dirigit per Joaquim Molas, Editorial Ariel, Barcelona, p. 389-446.
PLA, Josep:
(1975) «Salvador Espriu», dins *Homenots,* cinquena sèrie, *Obra completa,* vol. XXIX, Editorial Destino, Barcelona, p. 203-242.

CRONOLOGIA

Any	Dades biobibliogràfiques	Esdeveniments culturals i polítics coetanis
1913	Naix a Santa Coloma de Farners (10 de juliol).	Pompeu Fabra publica *Normes ortogràfiques.*
1914		Es constitueix la Mancomunitat de Catalunya sota la presidència de Prat de la Riba. Esclata la Primera Guerra Mundial. Espanya es declara neutral.
1915	La família Espriu-Castelló es traslladа a Barcelona (carrer de Llúria).	
1917		Publicació del *Diccionari ortogràfic* de l'IEC. Revolució russa.
1918		Tractat de Versalles (final de la Primera Guerra Mundial).
1919		Es constitueix la Societat de Nacions amb l'objectiu de mantenir la pau.
1922		F. Macià funda el partit Estat Català. «Marxa sobre Roma»: Mussolini és nomenat cap de Govern a Itàlia.
1923		El general Primo de Rivera instaura una dictadura militar a Espanya. Es prohibeix l'ensenyament del català.

1924	Mor la seua germana Isabel.	André Breton: *Manifest del surrealisme.* Mor als 30 anys el poeta avantguardista Joan Salvat-Papasseit.
1926	Mor el seu germà gran, Francesc.	Conspiració frustrada de Macià a Prats de Molló.
1928		Gabriel Miró publica *Años y leguas.*
1929	*Israel (Bocetos).*	Crac a la borsa de Nova York.
1930	Examen final de Batxillerat Universitari, amb el resultat de Matrícula d'Honor. Coneix Bartomeu Rosselló-Pòrcel, inseparable amic i company dels anys universitaris.	Dimissió de Primo de Rivera. Unamuno publica *San Manuel Bueno, mártir.* J. Ortega y Gasset publica *La rebelión de las masas.* Es funda Acció Cultural Valenciana.
1931	*El doctor Rip* (novel·la).	El rei Alfons XIII abandona Espanya i es proclama la República. Nova Constitució Espanyola. Llorenç Villalonga publica *Mort de dama*, i Miquel Llor, *Laura a la ciutat dels sants.*
1932	*Laia* (novel·la).	Les Corts aproven l'Estatut de Catalunya. Publicació del *Diccionari general de la llengua catalana* de Pompeu Fabra. En les eleccions al Parlament alemany, guanya el Partit Nacionalsocialista.

1933	Creuer d'estudiants i professors pel vell Mediterrani (48 dies).	Creació de la Universitat Autònoma. Carles Soldevila publica *Valentina.* Josep M. de Sagarra estrena *El cafè de la Marina.*
1934	*Aspectes* (narracions).	Enfrontaments revolucionaris amb la participació de les organitzacions obreres. Companys declara la independència de Catalunya (6 d'octubre). Joan Puig i Ferreter publica *Camins de França.*
1935	*Ariadna al laberint grotesc* (narracions). *Miratge a Citerea* (novel·la breu).	
1936	Mobilitzat, de primer fa serveis en una caserna dominada per la FAI i en avant s'incorpora en altres destinacions, però no és enviat al front per motius de salut.	Guanya les eleccions el Front Popular. Pronunciament militar al Marroc i a la Península.
1937	*Letizia i altres proses* (narracions).	
1938	Mor inesperadament Bartomeu Rosselló-Pòrcel al sanatori del Brull.	Mercè Rodoreda publica *Aloma* i Miquel Duran i Tortajada, *Guerra, victòria, demà.*
1939	Escriu *Antígona* (teatre).	Comencen els enfrontaments de la Segona Guerra Mundial. Acaba la Guerra Civil Espanyola.

1940	Mor el pare de l'escriptor. Salvador Espriu s'ha de fer càrrec de la família i treballarà d'escrivent de notaria durant vint anys.	La circular *El uso del Idioma Nacional en todos los servicios públicos* prohibeix l'ús del català.
1941		Josep Carner publica *Nabí* a Buenos Aires.
1942		Albert Camus publica *Le mythe de Sisyphe* i *L'étranger.*
1943	«Prehistoria-Oriente-Grecia» dins *Historia general,* a cura d'Alberto del Castillo. Col·labora en les revistes literàries catalanes d'aleshores.	S'autoritza l'edició en català de llibres ja publicats. Carles Riba publica a l'exili les *Elegies de Bierville.*
1944		Apareix clandestinament la revista *Poesia*, impulsada per Josep Palau i Fabre. Jean-Paul Sartre publica *Huis clos.*
1945		Els Estats Units llancen bombes atòmiques a Hiroshima i a Nagasaki. Fi de la Segona Guerra Mundial.
1946	*Cementiri de Sinera* (poesia).	Comença l'edició clandestina de la revista literària i artística *Ariel.* Molt lentament cedeix la prohibició de l'ús públic del català.
1947		Josep Vicenç Foix publica *Sol, i de dol.*

1948	*Primera història d'Esther* (teatre). Fa de president del premi Rosselló-Pòrcel de poesia i forma part del de novel·la Joanot Martorell.	Es crea la revista *Dau al Set*, que agrupa artistes i escriptors avantguardistes. J. V. Foix publica *Les irreals omegues.*
1949	*Les cançons d'Ariadna.*	Naixen la revista del monestir de Montserrat *Germinabit* i la universitària *Curial.*
1950	Mor la mare de l'escriptor.	L'ONU deixa sense efecte les mesures contra Espanya.
1951		S'estableixen els premis literaris de la Nit de Santa Llúcia. Carles Salvador inicia els seus cursos de llengua i literatura a Lo Rat Penat. Albert Camus publica *L'homme révolté.*
1952	*Obra lírica*, que inclou *Mrs. Death* i la versió completa de *Les hores.*	Josep Pla guanya el premi Joanot Martorell per la novel·la *El carrer estret.*
1955	*Antígona* i *Fedra* (narracions). *Final del laberint* (poesia), llibre pel qual rep el premi La Lletra d'Or en la seua primera edició.	Manuel de Pedrolo publica *Estrictament personal*, i Pere Calders, *Cròniques de la veritat oculta.*

1959	Forma part a Gandia del jurat del I Premi Ausiàs Marc, en substitució de Carles Riba, que acabava de faltar.	Apareix la revista *Serra d'Or.*
1960	*La pell de brau* (poesia). Abandona la notaria i s'integra com a jurista en la mútua mèdica Assistència Sanitària Col·legial, SA, que presideix el seu germà.	Joan Oliver publica *Vacances pagades* John F. Kennedy és elegit president dels Estats Units.
1961	Viatja a Viena tot sol.	Es funda Òmnium Cultural. Llorenç Villalonga publica *Bearn.*
1962		Joan Fuster publica *Nosaltres, els valencians.* Es crea Edicions 62. Mercè Rodoreda publica *La plaça del Diamant.*
1963	*Llibre de Sinera* (poesia).	Raimon grava el seu primer disc.
1966	*Ronda de mort a Sinera* (teatre). Convent de Caputxins a Sarrià, del 9 a l'11 de març: forma part de la presidència de l'assemblea constituent del Sindicat Democràtic d'Estudiants de la UB.	Recital de Raimon a l'Olympia (París). Artistes valencians creen l'Equip Realitat.
1967	*Per al llibre de salms d'aquests vells cecs* (poesia).	Manuel de Pedrolo publica *Totes les bèsties de càrrega.*

1968		Maig del 68: vagues i manifestacions d'estudiants a França. Comença a publicar-se la *Gran Enciclopèdia Catalana.*
1971	*Setmana Santa* (poesia). Rep el premi Montaigne, que atorga la Universitat de Tübingen.	I Congrés d'Història del País Valencià. Vicent Andrés Estellés publica *Llibre de meravelles.*
1975	*Formes i paraules* (poesia).	A València, es funda el centre de promoció de la llengua Carles Salvador.
1976		Apareix el diari *Avui.* I Encontre d'Escriptors dels Països Catalans a Gandia.
1977		Carme Riera publica *Jo pos per testimoni les gavines.*
1978	*Una altra Fedra, si us plau* (teatre).	Naix a València Acció Cultural del País Valencià.
1980	*D'una vella i encerclada terra* (teatre).	Montserrat Roig publica *L'hora violeta.*
1981	*Les roques i el mar, el blau* (narracions).	Fracassa a Madrid un intent de cop d'estat.
1983		Les Corts Valencianes aproven la Llei d'ús i ensenyament del valencià.
1984	*Per a la bona gent* (poesia).	TV3 comença a emetre regularment.
1985	Mor el 22 de febrer a causa d'una afecció cardíaca que arrossegava.	Maria Barbal publica *Pedra de tartera.*

PROPÒSIT DE LA TRIA

A Salvador Espriu, sobretot se'l coneix –i no sense motiu– com un dels millors poetes en llengua catalana. I realment no fou un gran novel·lista, però sí un excel·lent narrador i prosista en general. Per aquest motiu, hem volgut dedicar una bona part d'aquesta antologia a la seua prosa narrativa. D'altra banda, cercant d'afavorir l'amenitat més que no pas la informació hem seleccionat sempre textos complets i no fragments de narracions més llargues.

Espriu també escrigué teatre, i ens ha llegat una peça escènica força lloada per la crítica, *Primera història d'Esther*; però els paràmetres d'aquest volum no permeten reproduir-ne una mostra suficientment significativa.

Quant a la seua obra poètica, extraordinària i relativament extensa, hem seguit l'ordre fixat pel mateix autor, ajudat pel curador de les *Obres completes*, i hem triat uns pocs poemes de cada llibre per tal d'acostar el lector als temes i els motius del seu món literari en les diverses etapes creatives i alhora evitar-li els entrebancs que la densitat del gènere pot comportar. En aquest sentit, el breu repàs que oferim de la vida i l'obra de l'autor ha estat pensat per facilitar una mínima informació sobre el peculiar món d'aquest escriptor excepcional, que puga afavorir-ne una lectura gratificant.

POEMES I NARRACIONS
(ANTOLOGIA)

NARRACIONS

D'*Aspectes*

LA RIERADA

I anem de tomballons d'una banda a l'altra.

DJELAL-EDDIN RUMI, *El Mesneví*

I

Per la diada del gloriós sant Hipòlit, que és el patró d'un poble veí de Sinera, tan veí que a vegades s'hi confon, celebraven la festa major. Aquest pare de l'Església primitiva no compta amb gaires devots. És un pobre màrtir de cap blanc i mans escleroses. Vells hagiògrafs afirmen que Hipòlit va morir esbalçat dintre un pou ple d'aigua, sota l'imperi de Deci, després d'una vida esmerçada en el magisteri de la paraula de Crist. El sant té un esgarrifós color moradenc i cobreix les carns amb rebregades vestidures episcopals, unes robes destenyides i apedaçades, pròpies d'una diòcesi insegura, afligida per persecucions i sense rendes fixes. La imatge rep un culte vergonyant en un racó d'un petit altar amagat i romàtic, tot l'any privat de llum. El sagristà, l'escolanet o la beata que passen davant el benaurat, tot fent via cap al Santíssim, el miren, despectius i sorneguers, i li neguen el refrigeri i el consol d'una pregària.

Els mateixos sacerdots el saluden distretament, com a potestat d'una categoria molt reculada, i reserven l'opulència de la unció i del gest per a protectors d'una gràcia més accessible: sant Pancraç, sant Antoni i els innombrables deixebles de l'escola ignasiana. A l'historial d'Hipòlit a penes hi ha miracles. Aquest ofegat és tardà en la intercessió. Els ulls fatigats d'erudit es mig clouen i es desinteressen de les coses de la terra. La boca, entreoberta, es torça, lamentablement, a la recerca de l'aire impossible. Hi ha qui creu que, si t'atansaves molt a la imatge, sentiries un alè cansat, una ranera feixuga i dificultosa de moribund. És un sant tràgic, avorrit i passiu. La gent de la costa, que és primmirada i té una orella exigent, rebutja el seu nom perquè el troba ridícul.

Hipòlit espera tot l'any en la tenebra del seu cau l'arribada de l'hora lluminosa. Vint-i-dos d'agost, temps de xafogor. És dia d'intercanvi d'encarcarades salutacions jeràrquiques. El temple ressona de càntics, i el clergat alaba el sant i li ofrena tota la pompa de l'encens i de la reverència litúrgica. A la tarda el muden i el passegen per tot el poble. Serpentines, xaranga, repic de campanes: triomf del patró. Porta un penjoll de raïms primerencs entortolligats a la crossa pastoral, un present dels comparets perquè aparti de les collites amenaces de temperi: les rierades de sant Hipòlit tenen mala fama en tota la comarca, i són molts els anys que els aiguats malmenen la verema. Aquesta temença renovada no distreu, però, de celebrar les festes. Tot el poble flameja de balls, de brogit, de rialles, de gatzara. És elevada la draperia dels envelats, i es munten a tota pressa els esquelets de fusta de les barraques de fira, i no hi falta la parada del xurrer valencià, un homenot renegaire, galiassa, de males puces, cosit de ganivetades i clapes de verola. Les bones estones transcorren, regalimoses de suor, enmig de la cridòria. Després, quan tot ha acabat, Hipòlit s'ajoca amb resignació en la seva fornícula i enyora el sol que tot just el va fregar, mentre espera el retorn de l'onomàstica.

II

Caiguda de tarda d'agost. Les tendes dels firaires s'arrengleraven sota els plàtans. Entre dos llustres, esdevenia una tremor de llumenetes en la clenxa irregular de la riera. El passeig s'omplia de gernació. La canalla corria perseguint-se, es rebolcava pel sorral i s'embadocava de sobte, glatint per les joguines que considerava inabastables, i maldava per entendrir la ferma resolució contrària dels pares. Més amunt, la gentada s'arremolinava a la porta de l'envelat i allí, entorn del voltar dels cavallets. Feia bonic de veure a tota marxa, amb les bombetes flamejant entre les cintes, la roda vistosa i alegre que il·luminava la nit. L'amo s'esgargamellava a la cacera de clients. Tenia una pila d'amics d'altres anys, coneguts ja en vida del pare, abans que ell es casés. Aquests economistes l'aücaven i li retreien els guanys fabulosos:

«Va bé això, avui».

Ell somreia i ensenyava unes dents llargues, de llop. No ho afirmava ni ho negava mai, encara que ja era això, ja. Es netejava la suor i continuava la crida.

«Werner, ajuda'm!»

«Primer sóc jo.»

«Werner, aquí!»

Les noies reien i assaltaven, pel plaer de l'ajuda, els llocs difícils. Perquè en els cavallets hi havia de tot: camells d'altes gepes, i poltres de sang noble, amb els caps de cartó guarnits de plomells, i elefants d'orelles de pàmpol, predilectes dels menuts. I aquella baldufa que girava amb moviment de rotació, amb independència del voltar general dels cavallets. Era difícil d'abastar-la, però totes les noies casadores hi volien pujar i totes s'hi marejaven. Xivarri. Un crit d'auxili:

«Werner, ajuda'm!».

Werner, un mosso alemany recollit de la pols i la fam d'aquests mons de Déu, s'atansava i cenyia amb la protecció dels braços els fràgils cossos que es lliuraven confiadament al minyó ben plantat. La més bona atracció dels cavallets era aquesta. Els mascles del país vigilaven amatents, gelosos.

«Werner, ajuda'm!»

«Werner, aquí!»

Werner avançava amb el seu pas indiferent. Ara s'aturava, i els ulls esguardaven la nit. Sospirava amb recança. És que ja n'estava tip, fins no sabia on, de tot això. Si podia tornar endarrera, no fóra de segur tan ximple.

III

Si ho hagués sabut, no hauria fet tantes bestieses. Quina calor, la d'aquesta terra de l'infern! I ara, a Meissen, a la mateixa hora, la gent passejava abans de sopar per la vora del riu, que remorejava entre tells i dulcificava la cremor d'un dia de sol amb la fresca de l'aigua. I ell s'havia aquí d'acontentar amb la seca riera, amb la cridòria de les acaballes de la festa, amb la fortor d'aquesta gernació baladrera, amb la música de mal somni i la roda del *Karussell* en inacabable voltar, que ja marejava. Més li hauria valgut de quedar-se a casa, d'obeir el pare i de ser un bon obrer, seguint la tradició de Kaendler, de la família. Era un beneit, potser pensava a recular? Això ja no tenia remei, no calia que s'hi capfiqués. La culpa va ser d'Else, que no el va estimar. Almenys rebentessin, que refrescaria. Uns nuvolots molt negres. No n'havia vistos mai de tan negres a les riberes de l'Elba. Però ella no el va estimar, cada cosa en el seu lloc, perquè, si no, hauria estat un altre. Ja venia, que no cridessin. Hi havia alguna dona bonica, però cap tan bonica com Else. Aquesta tenia les cames fines, ben fetes, i ell no tenia vergonya. Trenta llargs anys malmesos. Trenta anys, trenta anys. Ja havia rodat prou, n'estava cansat i se'n voldria tornar. Tornar? Que ja era boig, ¿com el rebrien els pares, els germans, els amics i ella? Que es desenganyés, aniria rodolant, rodolant, igual que el *Karussell*, fins que un dia cauria i s'ajauria definitivament en el camí, i bona nit. Visquem, Else. Ja ho veus, t'estimo, però engrapo la cintura d'aquesta altra. On vols, al llom d'un camell o potser al d'un cavall? Hi ha de tot, tria. Aquesta calor. Qui pogués córrer per la vall del Triebisch, amb la bicicleta. Ell i Else al darrera. Per la muntanya tronava, no tardaria la pluja. Que si ho hagués sabut, ara seuria entorn de la cervesa, amb Peter, amb Franz i amb Konrad, i fóra porcellaner i pare de família, i es veuria lliure de tota aquesta misèria, de tota aquesta misèria, Else, sí. I ja plovia.

IV

De primer era un xim-xim pausat. Encara que, en temps de sant Hipòlit, molts se'n varen riure. Però a la banda de muntanya el cel era ple de núvols, el llampec sovintejava, el tro bruelava cada vegada amb més empenta. Era l'últim dia de la fira, ja no hi havia més balls, i els homes de l'envelat, en sotjar els senyals de tempesta, s'afanyaven a desmuntar les robes i la carcassa.

«I vós, que no plegueu, Jaume?»

«No hi ha por. No farà res, al capdavall.»

Acostumava, ja de quan el pare vivia, de quedar-se una temporadeta al poble, passades festes. Sempre hi havia engrunes per escurar i més aquest any, amb el reclam dels braços de Werner. Altrament, mancava feina a la rodalia fins a la Mare de Déu de setembre.

Els companys de l'envelat l'advertien:

«Mireu que això s'encapota. Vós sou gat vell, Jaume. Compte amb les rierades».

El feudal dels cavallets s'agitava amb una sobtada ira.

«La rierada, la rierada! Tots dieu el mateix. No he entomat mai ni una gota d'aigua en aquesta riera i porto les sangs podrides d'arrossegar-me per aquest sorral. La humitat que pugui baixar, me la beuria.»

Esclatava en rialles. Els altres es desinteressaven.

«Com vulgueu, vós mateix. No direu pas, després, que no se us avisa.»

Uns pescadors ajudaven:

«Sí, per vós fareu, però ensumo que sant Hipòlit durà cua d'aiguats».

Un d'ells va afegir religiosament:

«No falla. Aquest matí la vella Muntala es cobria amb mantellina. Boira espessa. No falla.»

Intervenia un manefla:

«Us dic que a Collsacreu i a l'altra banda les deuen donar que Déu n'hi do: anissos i tot».

L'home dels cavallets tallava advertiments i comentaris:

«Ja n'hi ha prou. Aneu-vos-en».

El temps no aclaria. El xim-xim passava a plovina, la plovina a xàfec. La gent es va tancar dejorn a casa, amb el presagi de la rierada.

V

Aquella nit el mal temps i el molt cansament varen netejar de rondaires tot el poble. Després de les diades, els joves dormien amb una son profunda. Els vells també, amb la fatiga de la ja enllestida complicitat. El cant d'un embriac alternava amb el d'un vigilant nocturn, i el miolar d'un gat errabund i llunàtic va reforçar amb la seva ajuda el concert d'aquelles veus. El borratxo aviat es va ensopir i va caure, ja a domicili, en el jaç. El vigilant buscava un redós segur i allí s'aclofava i no piulava més. L'animal, tercer representant de la bohèmia, era acerbament escarmentat de romanticismes i fugia, amb la cua escaldufada, per viaranys on les ires no acostumaven d'arribar.

Refrescava i feia de bon dormir. La gent dels cavallets, malgrat el soroll de la pluja, també reposava. En somnis, Werner passejava per les valls de l'Elba, i l'enyorança se li omplia de grates imatges. L'Elba: l'aigua tan a prop, que li semblava veure-la, tocar-la, sentir-la com corria. Ell i Else, sols. Les fantasmes eren eliminades d'aquesta felicitat tota nova. Qui se'n recordava de les passades baixeses? Ja s'havia fos la memòria de la fam, dels mancaments, de la vergonya. Else i l'aigua, ara. Només Else i l'aigua.

Era despertat amb violència. L'amo el sacsejava, tot baladrejant-li, esfereït, un nom. Werner va endevinar: la rierada! Tràgic moment dels aterrits. Vagarejaven, mig nus, a la recerca de refugi, el carro abandonat amb rapidesa. El monstre, a cada instant més pròxim, bruelava, invisible, en la foscúria. Acull miraculós d'una porta. Els primers bots ara baixaven d'ample a ample, molt alts i majestuosos, i escombraven d'obstacles aquell seu pas triomfador.

El ruixat no es calmava i es complicava amb pedra. L'espetec despertava els veïns. Meditaven la desemparança aliena, eren colpits de caritat i mormolaven:

«Pobra gent».

I cada u es tombava, satisfet del calent recer, de l'altra banda.

VI

Els vilatans varen comprovar a la matinada la magnitud del desastre. La rierada havia bolcat els cavallets pel costat de la maquinària i els havia rebatuts contra el casal ambulant: era una inaprofitable massa de ferros i fustes. La nova va córrer amb rapidesa per tot el poble. Hi havia tanta consternació com tafaneria, que s'enfangava en la complaença de les primeres reaccions. S'establia el ritme d'un original comentari:

«Pobra gent!»

S'elevava, acusadora, com si tingués raó, la veu d'un envejós:

«Fort, els està bé! Perquè aprenguin a voler xuclar les rels dels calés honrats. Costa de guanyar-los, i una bombolla de musica te'ls eixuga. ¿I per a la plaça, després? Sí, dejuna, que el vici t'escura».

Un ajudava:

«No es poden queixar. Prou que se'ls va advertir».

Insistia:

«Ells no són els únics, d'altres també grinyolen. Els marges, esllavissats. Les vinyes, arrasades per la calamarsa. Tota la collita, perduda».

El cor popular subratllava:

«I aquí? Si arriba a ser dues nits abans, amb la fira i les balles!».

«I sort que el xurrer ja havia plegat, que, si no, també hi peta».

«És el càstig de la massa cobejança. No jugaran més amb el patró».

L'apocalíptic s'allunyava. El murmuri anterior es va sobreposar:

«Pobra gent!».

Aquesta lletania d'intencions compassives derrotava la resistència de les males ànimes: «Pobra gent!».

Un sord ingenu preguntava a un veí molt pentinat, de gorra galana: «Què dius?»

El presumptuós s'estarrufava i gallejava suficiències: «Dic, gran, que "pobra gent"».

Rotlle de la commiseració. La dona que havia recollit els dels cavallets explicava la seva intervenció per centèsima vegada:

«Els vaig sentir en ple terrabastall de la pedra».

Un impacient indagava:

«Ells varen venir a trucar al vostre portal?».

Els altres manaven:

«Deixa dir».

El conte s'allargassava. La dona posava en el seu punt el mordent de l'anècdota i els detalls:

«I us asseguro que estaven ben boigs. L'home no feia sinó plorar i ho maleïa tot: es volia morir».

Una altra interrupció:

«I el gavatx?».

La narradora aclaria, voltada de l'opi de l'assentiment dels qui l'escoltaven:

«Aquest rai, com que no hi ha de perdre res. Mireu-vos-el allí: tan fresc».

Signava. Els homes dels cavallets ara sortien i començaven a treballar en les desferres. Joves voluntaris s'aprestaven de seguida a ajudar-los. Vells de molta experiència aconsellaven mesures d'una total ineficàcia. El compassat plant de les llàstimes prosseguia amb la mateixa cantarella: «Pobra gent!»

I desfilaven homes, dones, nens, tot el poble. I la compungida exclamació s'eternitzava: «Pobra gent!»

Un que va ser batlle en altre temps, enemic polític del bàndol que en l'actualitat regia els destins de la vila, va indagar, escruixit de la segura resposta:

«I encara no ha vingut l'alcalde, ni ha tramès cap brigada?».

Negació. Tothom s'indignava:

«Brètols, no es preocupen d'aquesta ruïna».

L'instint anàrquic, sempre amatent, es traduïa en una acerba crítica contra les autoritats. Els mateixos partidaris callaven, en no trobar mots per justificar l'absència d'actuació. L'exbatlle somreia. «Brètols!»

Esclatava de sobte una baralla. L'amo dels cavallets estrenyia el coll de Werner i balbucejava, foll de ràbia, paraules inconnexes:

«Tu en tens la culpa, que m'has encomanat la malastrugança. Tant de bo que també haguessis parat a mar!».

Esvalot. Els espectadors cuitaven a descompartir-los:

«Que et tornes ximple? Quina part hi té el mosso en l'atzagaiada dels elements?».

L'home es calmava. S'asseia en una pedra i gemegava en silenci. L'elegíaca roda dels afligits continuava:

«Pobra gent!»

El plant emplenava la quietud del matí: «Pobra gent!».

El sol sortia entre núvols i posava en tanta desolació una nota consoladora.

VII

Va ser el màxim esdeveniment d'aquell estiu en la migrada vida del poble. Escruixia tanta dissort. Totes les converses reflectien la consternada generositat de les ànimes, i fins alguna novena a sant Hipòlit es va estroncar a mig camí. Molts varen pensar de seguida a alleujar la situació de la gent dels cavallets i organitzaven una col·lecta pro damnificats. L'Il·lustríssim Ajuntament va encapçalar la llista dels donatius. Per espai d'un matí i una tarda, boniques voluntàries, lluents de zel i de suor, varen recórrer la vila de punta a punta, a la recerca d'almoina.

Varen recaptar d'entrada tota la moneda falsa i estrangera. Després l'èxit encara va augmentar, tant, que a última hora s'abstenien tots els capitals. Afirmaven veus que la gent dels cavallets no s'havia descuidat d'assegurar-los, amb la resta de la hisenda. Algú va preguntar «si d'aiguats també». Uns juristes varen opinar que no. Amb tot, el diner, covard i espantadís de mena, havia ja sentit les campanades d'alerta i es tancava de pressa dintre la closca de les bones paraules negatives.

Ni un cèntim, ni net ni brut, no va sortir, d'aleshores endavant, de les bosses per a les safates de la caritat.

VIII

Les hores lliscaven, i el canvi de les estacions s'anava acomplint. Cada dia portava la seva frisança i l'oblit de velles alegries i d'angúnies antigues. Els senyals d'hivern eren bandejats, retornaven els cels d'estiu. Ressonava un altre cop la música dels envelats, regalimosa de notes de vals. El xurrer valencià escampava a grans crits l'excel·lència de la mercaderia, voltava la roda d'uns altres cavallets. Una nova gent intentava, cobejosa de guany, l'arriscada aventura, perquè ja se sap que l'escarment dels altres no alliçona ningú. El poble, esborrat el record de la passada tragèdia, es lliurava a la bullícia de la xaranga. Algú encara amollava de tard en tard un comentari:

«Què deuen fer aquells pobres».

Espetec de focs d'artifici. Un llunyà cap de núvols removia en tots els esperits l'angúnia d'un desastre sempre possible. Encalmada en la calma d'agost, damunt l'esclat de xafogor i de disbauxa, la glòria oficial de sant Hipòlit.

LA LLÀSTIMA

Lo que aquí hace falta es que vivan en unanimidad de sentido, y con la verdad, con mi verdad, no vivirían. Que vivan.

UNAMUNO, *San Manuel Bueno, mártir*

I

Què volia el públic que el ventríloc Salom li digués? Joan Vulgar, aquesta mena de conillet d'índies psicològic que el respectable sens dubte coneixia, havia acabat per no creure en la llàstima. No, la llàstima no existia, era un concepte buit de contingut. L'escepticisme de Joan Vulgar va fer que trontollés la felicitat dels amics:

«No és possible el que afirmes. Et vols calumniar amb aquestes fantasies de pensador dolent».

I s'apressaven a defensar la pau de tots ells i li proposaven molts exemples de llàstima. Joan els rebutjava:

«No, el que em conteu no n'és. Són hipocresies, convencionalismes, però no llàstima».

Fins que els companys es varen cansar d'ell i trametien un missatger per advertir-li-ho. L'enviat, un noi escardalenc i no gens humorista, començava així:

«Mira, ja n'estem tips: tens l'obligació de creure en la llàstima. Altrament, què fóra d'aquest món? La llàstima existeix, ho sents? Com existeixen altres virtuts: l'honradesa, el sentit del deure, la voluntat de treball. Si no creus en tot això, almenys fes-ho veure. O tanca't en la teva misantropia i calla i no empipis».

Implorava, acovardit i humanitzat de sobte:

«Si per a tu no hi ha sol, deixa que els qui volem viure ens fem la il·lusió que n'hi ha».

Tornava a amenaçar:

«No et burlis del que no comprens. Abaixa el cap i confessa la teva ignorància. I procura així que no t'esclafi».

El parlament acabat, l'ambaixador se n'anava. Joan va respirar, perquè aquell amic era un perill: llegia Smiles i en aquell temps preparava oposicions a càtedra de Moral.

Amb tot, Joan va reconèixer que l'objecció era justa. No s'hi val a amargar la vida dels qui tenen l'amarg propòsit que la vida no els sigui amarga. Cadascú amb la seva lluita. Joan va callar, es va tancar a la presó de la seva misantropia i ja no visitava les antigues relacions. Alguns varen comentar, al principi:

«Què li passa a aquell, que no parla ni saluda? ¿Ha tingut desgràcies de diners o de família?».

I davant la resposta negativa, asseguraven:

«Doncs, si no té motius, és que s'ha begut l'enteniment».

Ja no el coneixia ningú, i Joan, lliure i sol, anava meditant en el concepte de la llàstima i cada vegada ho veia menys clar. Perquè, a què anomenaria llàstima? A la reacció del nostre esperit davant les dissorts alienes. Reacció de fàstic, de repulsió, de crueltat? De compassió, senzillament. Joan es perdia i es quedava igual que abans. Què era, doncs, la compassió? Aquell afecte de llàstima que experimentem davant els sofriments dels altres. Joan es preguntava, filòsof de secà, si és que hi havia conceptes rera les paraules o no existia res fora d'aquestes, i l'home era tan sols un mecanisme productor i alhora una sitja conservadora de mots. La memòria de Joan resseguia el passat, quan ell encara tenia la intuïció de la llàstima. Joan havia cregut en una vibració ràpida, gairebé elèctrica, per l'infortuni de tothom, de qualsevol. Havia cregut en la sinceritat d'un sentiment no contaminat d'egoisme, allunyat de baixes i d'elevades mescles. Un sentiment sense raons, ni motius, ni vacil·lacions, ni febleses. Un sentiment d'una espiritualitat quasi fisiològica, d'una força fisiològica quasi espiritual. La realitat li havia anat esborrant aquella imatge. Llàstima per què, de què? ¿De la cama trencada, de l'ull rebentat, del braç paralític, del cervell mut? En el fons, una alegria salvatge, pròpia del mancat de tares. Llàstima per la mort d'algú? Res més que una confortadora joia disfressada: encara no havia arribat el meu torn. ¿La caritat, germana de la llàstima? Un conveni entre Déu i l'animeta, que tal vegada resolia així l'afer de la salvació. O bé el primitiu desig d'allunyar el malefici que l'excés de felicitat acostuma a dur. O, simplement, el voler apartar del meu camí tota mena de nafres, perquè no em glacin la tebior d'una mica de sol. I un cop he portat a terme l'acte de pseudollàstima, una escalfor suau i un digestiu acontentament de mi mateix em pinten les galtes de vermell, i judico que sóc molt bo. De seguida m'entren dubtes, turmentat per la noció de límit. Medito que potser n'he fet una mica massa i sento una gran pietat de mi i de la inutilitat probable del meu recte obrar. El meu tarannà bondadós m'entendreix, i m'afanyo a comunicar-ho als qui em volten. L'autolloança em raja dels llavis, opulenta i sucosa com una fruita madura, entre glopades d'humilitat estàndard, ratada i estomacal, emmagatzemada per a aquestes ocasions.

Aquests eren els pesadíssims neguits de Joan. Es va fer, malgrat el seu habitual silenci, tan latós, i el seu comportament va esdevenir tan fantàstic, que; desvetllava la curiositat i la mofa sempre alerta. Vagarejava sense repòs pels carrers. De tard en tard, algun conegut encara gosava escometre'l:

«Què és el que busques?».

Joan movia el cap: només la llàstima, que s'havia fos, que ell no trobava en cap indret ni en cap home. I es posava a bastir a corre-cuita el seu absurd i desgavellat sistema de filosofia. Hi havia rotlle i rialles. Aviat la gent, en veure'l, es tocava amb un dit el front i mormolava:

«Aquest és aquell».

I si duia criatures, les separava amb presses de la seva vora.

Joan Vulgar va viure, durant un quant temps, una vida interior intensíssima i recòndita. Les poques frases que l'excessiva complexitat cerebral podia estructurar eren greus i profundes, de drings insospitats, lentes i solemnes com les campanades d'un ofici de difunts: vegi's quina alegria. Els escassos familiars, acostumats al Joan Vulgar d'abans, no podien transigir amb aquest Joan estrany d'ara, fosc i difícil per sobra de pensament. I també el varen creure pertorbat i varen estar a punt de recloure'l, però Joan es va salvar, perquè era Joan, i un Vulgar, i la seva sang havia heretat la inèrcia i el limfatisme de moltes generacions. Joan no va poder, per sort, superar la fase d'excepcional crisàlide i metamorfosar-se en una definitiva papallona boja i brillant.

Va trobar la salvació en un ambient de clínica. Salom no donava detalls de com Joan hi va anar, ni del perquè, ni com a evangelista li interessava.

II

Clínica del temps del jove Salom, freda, mesquina amb pretensions de luxe. Un rètol a l'entrada: el nom i el prestigi d'un famós operador. En aquells sanatoris particulars el dolor era catalogat en jerarquies de base econòmica, era repartit en compartiments segons una sàvia mesura de preus. Allí no hi havia, com a l'hospital, el dolor anònim, l'arrenglerada munió de llits, el fracàs en comú de tantes vides. Allí es furgava en la mentida dels miracles aliens, i s'estenia per tota la casa una teranyina de xafarderies. Hi havia qui es lliurava a la divertida cabòria de sospesar cada malura amb les balances d'una possible herència, i algun familiar s'imaginava i concretava en forma de pa d'or (ara no) el càncer del parent rondinaire. Tothom sentia a flor de pell preocupació i tendresa pel malalt estimat i compadia el patiment del veí, que la tafaneria endevinava molt pròxim, important, encarcarat i de moment invisible. Aquell interès anava descendint per l'escala de valors fins a arribar als soferts i ignorats pacients de la sala general.

Una clínica d'aquell allunyat temps. En alguns passadissos, vidrieres, que pretenien de fer més amables la llum i la remor de fora. A les parets d'un blanc d'esmalts d'algunes estances hi havia a estones els colors de l'iris. Joguinejaven, corrien, s'empaitaven, enlloc no s'aturaven, anaven i venien, relliscaven. Quiròfan: marbres i niquelats llampants, pinces, bisturís, agulles. Filagarses de cotó fluix, esgarrifós com una ungla esqueixada. En el centre de l'habitació, la taula d'intervencions, llisa. Ajagut damunt ella, sovint un cos d'una nuesa fofa o esquelètica. Pels topants, velles monges grasses, unes altres religioses que aparentaven adolescents cloròtiques i unes poques infermeres de lloguer, d'empenta però vagament sentimentals, lletges, d'una maduresa ja quallada. Arreu, baf de pells brutes, de carns masegades, de pus mal desinfectat, de suors, d'orina, de capella, de cuina, de vòmit. Alternant, la fortor de iode i de cloroform. Una terrible xafogor. Sí, Salom encara s'hi banyava, en recordar les clíniques de la seva joventut.

III

Aquell home contava a Joan Vulgar:

«Que si n'he passades?»

Va riure suaument.

«Massa i tot. Què us en diré, de la meva vida.»

Vestíbul del quiròfan. Operaven la muller del bon home, i ell no es podia aquietar i no gosava tampoc entrar a la sala. Ara s'aturava davant Joan Vulgar i prosseguia:

«A casa, a la maresma, érem molts i teníem poca terra. Ja des de petit sabia que no m'hi guanyaria la vida i rumiava on podria anar. Em varen parlar d'Austràlia. Molt jove, abans dels vint anys, vaig emigrar a Nova Gal·les».

Evocava:

«Allí, ramats i blat, tan alt, que cobreix un home. Una terra que vol que la treballin. No hi vaig escatimar les suades i vaig fer diners. No va faltar res als pares fins que es varen morir. Vaig tornar en aquest país per casar-me, i després la dona em va acompanyar a Austràlia».

S'interrompia amb freqüència per espiar, a través de la porta de vidres opacs, el que passava dintre. De seguida continuava. Varen tenir fills i varen ser feliços. A la vellesa, temps de ruïna: fallides de bancs, males collites, epidèmies de bestiar, crisi. Ells volien acabar a l'indret de naixença. Els fills es varen quedar en el llunyà continent, al capdavant de les hisendes empobrides. Ja aquí, la dona va caure malalta. L'hospital els horroritzava, i s'havien redossat, sacrificant estalvis, en aquell recer. Deia les coses sense agror, senzillament, amb una resignació fatalista: confiava en l'operació.

L'operació va ser realitzada amb èxit, però la dona es va morir. Tota la nit va agonitzar, en ple desvari, i els crits bandejaven la son de la clínica. A la matinada es va morir.

IV

Coincidien el viudo, Joan Vulgar i un convalescent. El darrer va parlar:

«Sé que l'operada millora».

Continuava:

«N'esteu content, és clar».

Ni una lleugera vacil·lació. L'afirmació generosa, de seguida:

«Sí».

El convalescent (que no ho endevinàveu?) no sabia res de la tragèdia. Deien que era molt impressionable, havia estat greu, i li amagaven aquella mena de notícies per por de recaigudes. Insistia:

«Bé, no ha estat res. Molt content, oi?»

Els ulls del viudo s'humitejaven, però podia encara afirmar:

«Sí, senyor».

L'altre s'acomiadava, indiferent:

«Me n'alegro. Que la sort continuï».

Se separaven ja per sempre i no sabrien res més l'un de l'altre. El viudo, amb el seu desconsol. Joan Vulgar, espectador silenciós, amb la seva cavil·lació. Quant al convalescent, aquell vespre, en ficar-se al llit, va mormolar:

«A veure si avui aquella bona dona no ens deixarà tampoc dormir tranquils. Ahir l'hauria escanyada».

I badallava, es tombava i aviat va roncar, enmig de somnis potser feliços.

V

I Salom, l'estrany ventríloc, venia a suposar que el respectable públic comprenia prou que Joan Vulgar va ser salvat per aquell diàleg. La llàstima existia, va admetre Joan, a qui calia amb urgència el descans, en raonar tendenciosament així: el viudo havia reprimit el seu dol, per evitar a un inconegut una aflicció problemàtica i efímera. Era a la fi la llàstima, la llàstima espontània i pura pel convalescent, una veritable llàstima, proclamava Joan Vulgar. I tocava el tambor dels adjectius de les grans solemnitats.

I Salom afegia que Joan va tornar a ser el d'abans i de sempre. I esdevenia propagandista de la bona nova i reconquistava les amistats. Ara, a estones perdudes, esperava, a l'aguait en el seu jardí (perquè tenia un jardí), el vol de les abelles. I quan veia que es paraven en les flors, a xuclar-ne el nèctar, Joan, amb unes tisores, allargava la mà armada i tallava els insectes, ara l'un, ara l'altre, arran de l'inici de l'abdomen. I així prenia de passada el sol, fins que se n'avorria.

I Salom preguntava, en enllestir el número amb un glaçat desdeny, si no sabia el públic per què deia tot això i a qui ho deia. Tal vegada a tu, i a vós, i també a tots vosaltres. I assenyalava amb l'índex unes dents sense genives, unes porques dents que Salom, durant tota la seva vida, va intentar inútilment de polir.

TARDA A MUNTANYA

Aquesta profunda veu de la muntanya.
WORDSWORTH, *Sí, ha estat l'eco*

A la memòria del bon amic de sempre Esteve Mundet, company de muntanya.

El meu amic, que era molt puntual, em va venir a buscar de bona hora, no gaire més tard de les quatre, perquè els dies de setembre ja curtejaven, i els vespres eren una mica freds, i no ens plaïa de caminar, de retorn, amb nit tancada. El meu amic era cepat, força més gran que jo. Sense ser encara vell (li'n faltava en realitat un bon tros), el meu amic havia ja arribat en aquell moment de la vida en què l'esperit s'atura, i mira a l'entorn, i pot meditar en el que ha deixat a l'esquena i destruir una pila d'ídols, amb recança per no poder enlairar-ne d'altres. Un hom sospesa el que ha fet i el que podria haver fet, i se n'avergonyeix, per molt que hagi fet, i pensa que hauria estat millor de no haver fet res. És l'hora d'interessar-se per les coses més joves i emocionals, és l'hora d'oblidar que has olorat la rosa. Ara procures de descobrir la margarida o la violeta, que amb retòrica o no serà sempre humil, i t'acontentes a vegades, si et plau per força, de rosegar el fonoll vulgaríssim. És l'hora de lliurar-te, quan ningú no et vigila, al somni d'un nét, l'amor més noble de la virilitat, quan aquesta ja no és la plenitud d'ella mateixa i es dignifica, en fer-se subtil, i del mascle antic no queden sinó petjades de coix que s'esborren en el record. Perquè en l'estimació de l'avi hi ha alguna cosa de maternal, de paternitat multiplicada, si voleu. No has conegut a penes els fills, engendrats potser perquè sí, sense una necessitat sentimental. Els fills han crescut a la bona de Déu, com els pins a la plana: no vas intentar mai d'endinsar-te en la formació dels fills. T'apassionaves aleshores massa per tu, per poder comprendre el crit i el misteri d'altres existències. Ara que reposes en la pols del teu camí, abans de començar la davallada que no té aturador, et sents capaç, per primera volta, de sacrificar-te per una petita ànima de nen. Ara dubtes de tot, però sense estridències, amb una pietat que cobreix homes i coses d'una boira de malenconia. No afirmes mai, preguntes, et fastiguegen tota mena de dogmatismes. Si algú assegura que ets romàntic, ja no t'indignes ni ho vols desmentir, encara que no saps ben bé el que pretén de dir amb aquesta acusació. A un hom se li acut, com una ombra probable i escruixidora, la idea del càncer i de l'infart o la temença de ferir-se. És l'hora indefectible de posar-se a règim. En aquest instant de descans i de recapitulació, l'esperit és com un vi a punt d'agrejar-se.

Afegiré que havia après tot aquest maó, no per experiència, sinó dels llavis autoritzats del meu amic, apuntalats per l'amostelada psicologia del cosinet Estengre. Jo era jove, única dada que us donaré de mi. La glossa del meu company hauria estat: «Un punt de partida per esdevenir vell». I ser vell consisteix a recordar (hauria afegit, després d'un bon bany de peus, l'Estengre) que un dia has estat jove.

Al meu amic, acostumat a caminades, li costava de cansar-se. Vàrem sortir, doncs, alegrement i enfilàvem a pas viu un pujolet. No projectàvem d'anar gaire lluny. Les nostres forces, però, no havien sofert fatiga, i les cames s'afanyaven, noves de trinca, a la recerca d'obstacles imaginaris. Saltàvem pedres, vencíem marges, travessàvem reguerots. Tot pel pur goig del moviment, de contemplar el nostre esforç, allí, a ple camp i en la placidesa de la tarda. Aquell meu company i jo estimàvem intensament la muntanya. Jo acostumava d'anar-hi cada any, des de petit, sempre al mateix indret, i ella tenia per a mi la indulgència d'una vella amistat que m'havia vist néixer. Havia resseguit aquesta serra pam a pam. Tots els camins m'havien confiat els seus secrets, i havia sorprès, al bosc, als cims i a la riera, un somriure antic. I aquí, a ciutat, enyorava sense remei l'estampa clàssica. Evocava entre dos llustres un cel clarós o, potser, un dia rúfol. Glapits de gossos dins un bardissar, a la percaça de la perdiu o de la llebre. Darrera, xerradissa d'ocells. Allà lluny ressonava el corn del segador que aplegava la colla, la sega tardana acabada. Una foguera de pastor s'havia encès de sobte, en la muntanya, i era una última fita de vida en el portell de la nit. La flama havia nascut molt roja i s'enfilava molt valenta. En advertir, però, el firmament, s'abrinava i havia empallidit d'enveja per l'estrella inabastable. I era ajupida a la fi per la tempesta, i les brases eren escampades i enterraven les cendres en la tenebra. Una font amagada sortia del seu recer i esquitxava el pas del vianant, que no la sospitava. I el cansat s'hi amorrava, i un raig del doll queia de la boca, regalimava per la pell en degotims i es mesclava amb la suor del pit. La set calmada, l'home mirava l'aigua i somreia (matisats i agredolços aplaudiments del cosinet Estengre).

Mentrestant, nosaltres fèiem la nostra via. El camí que seguíem era ja més planer. Vorejava pendents i refusava de penetrar en l'arbreda. Era un camí clar, allunyat del perill de cingles. Potser un vell camí ral: en altres temps sonaria, en aquesta hora, el dring dels picarols de les mules viatgeres. Aquests indrets eren, en passades centúries, cataus de bandolers, i la tradició associa amb alguna collada el nom i la llegenda d'en Serrallonga. Avui era un vial debolit. Segles i maleses havien canviat l'orgullós camí en vereda de masies.

El Pujolar. El casal s'aclofava com una lloca en la immobilitat de la vora del sender. Passàvem. La cridòria d'unes oques ralladores ens perseguia una estona. El camí s'endinsava de sobte en la humitat d'un grup de pollancres regats per un rierol. Vimeteres. Unes vaques pasturaven sense presses en el prat i trencaven el silenci de l'ombratge amb el dring de l'esquelleria. Ara xipollejàvem per la xopina i ens enfangàvem avançant per l'aiguamoix. Masoveria de Vilarmau. Asseguda a la porta, l'àvia ens cridava amb cantarella de son la bona tarda. Fortor i fressa de corts. El camí esdevenia viaró, i ens havíem d'obrir pas a través d'alts ginestells. Aquesta era la part més aspra del nostre passeig: la davallada per la torrentera de Cerdans. Molsa, falgueres, rodolar i ensopec de palets i pedres cantelludes. No hi havia mai sol en aquesta obaga, i aquí l'aire era fred i deixava en la pell una esgarrifança. La baixada era forta, i s'havia d'anar amb compte de no relliscar. Trigàvem a sortir de l'entrebanc.

Cerdans, terme de l'excursió, se'ns mostrava a la fi als nostres peus, en el centre d'una vall voltada de muntanyes. És una esglesiola vetusta, d'un romànic primitiu. El frontis, molt sever, despullat d'ornaments, d'una pobresa austera. A la banda contrària, adossada a l'absis que tot just s'endevina, la rectoria, enlluïda de nou. Cerdans va ser un lloc d'aplecs i conspiracions durant les guerres carlines, i les seves portes, unes portes de molta caritat, varen acollir sovint les figures de Savalls i del seu lloctinent Vila de Viladrau. Varen succeir després uns temps de decadència, i el santuari va quedar en l'abandó de la solitud, i sols per atzar un foraster el visitava.

Trobàvem el rector al solell. Venia de cavar el magre hort i encara duia la llantiosa sotana arregussada i el magall que penjava de la flaca esquena. El bon home ens va rebre de grat, ell que es resignava a distreure's amb la conversa, tan limitada, dels feligresos. Berenaríem, oi? Avisaria la germana que preparés la vianda. Ella n'estaria també contenta, ara que creia que només havien d'esperar els temperis de l'hivern i ja els tocava de quedar-se sols. I si almenys es poguessin procurar música per a les vetlles! Aquell racó de món era trist, un desterrament, ho assegurava. La germana i ell varen arribar il·lusionats aquí dalt. Però, després de llargs anys de no moure-te'n, t'agafava l'opressió del paisatge, i t'hi ofegaves, i arrencaries a córrer rost avall i no pararies.

Es va interrompre. S'excusava:

«Perdonin. Jo garlant, i vostès sense descansar, sense asseure's. Advertiré la germana».

Al·legàvem pressa. L'home es queixava:

«Si és d'hora!».

Ens acompanyava, pregat per nosaltres, a l'església, que estava tancada. Grinyol de claus. Interior. Imatges galtudes, ingènues, camperoles. Planta de creu llatina. Rera l'altar major, cobert de teranyines, es distingien, com a únic detall d'interès, les restes d'unes pintures murals. La curta estada acabava. Sortíem. Ja tardejava, i el sol deia l'últim adéu als cims de la muntanya i s'enfonsava a l'horitzó, entre lleganys. Ens acomiadàvem del senyor rector i empreníem la tornada.

A mitja llum repassàvem el mal camí del torrent sec i ara deixàvem Vilarmau i el seu aigual darrera nostre. Havia sobrevingut la nit, una nit sense lluna, però les estrelles eren tantes, que tota la nit resplendia amb el tremolor d'aquella llum. Un concert de tòtils venia, compassat, i era respost pel ritme dels grills i els esbufecs de les xibeques. Aquella serenor s'apoderava dels nostres esperits, i iniciàvem un semireligiós col·loqui. Les nostres mateixes paraules ens entendrien, i sentíem una emoció de pau entre panteística i franciscana. A poc a poc vàrem callar i adoràvem, enmig del silenci, l'harmonia de l'univers i la infinita creació de Déu: ens confortàvem recordant les alambinades doctrines de l'Estengre. Avançàvem mirant les estrelles i perdíem perillosament la sensació de realitat, sota el domini d'un somnieig quasi místic, místic gairebé d'un pèl.

Despertàvem esbalçats daltabaix d'un marge. Havíem sortit del camí sense notar-ho. La fosca era densa. Les estrelles, molt llunyanes. Ens va costar d'orientar-nos. Caient aquí, alçant-nos allà, perdut amb violència l'esguard contemplatiu, plens de pols, d'esgarrinxades, de cops i de fatiga, prosseguíem el dificultós retorn. Aquella nit ja no vàrem observar més l'espai estrellat. Arribàvem coixejant a casa.

D'*Ariadna al laberint grotesc*

TERESETA-QUE-BAIXAVA-LES-ESCALES

A Maria Aurèlia Capmany i a Llorenç Villalonga, en homenatge i amb la promesa de no revisar ja mai més aquesta narració.

I

«No s'hi val, no s'hi val encara, tu clisses. Has d'aclucar els ulls i t'has de posar d'esquena a nosaltres, mirant cap a Santa Maria. Però cal fixar primerament la volta, que serà pel carrer dels Corders, pel carrer de la Bomba, Rera-la-fleca, el carrer de l'Església i la placeta. No, pel rial no, perquè ens ensorraríem, i la volta ja és prou llarga. Si ho carreguem, no ens aconseguirem mai, i d'altra banda és massa cansat. La rectoria, paret de cuit, us hi aveniu? Ara, que no hem de fer patotes. La Teresa para, au, correm. No s'hi val, que ella filustra. Teresa, filla, ja t'ho he dit, t'has de posar d'esquena a nosaltres, mirant cap a Santa Maria. Si ho fas, no necessito que acluquis els ulls, però no t'has de bellugar gens, fins que cridem. Vejam, que no m'heu entès? Pel carrer de la Torre sí, tornem-hi.

Pel rial no, que la sorra entrebanca. Demanes que comptem de nou? Hem comptat abans, Teresa. No t'hi conformes? Com perdem el temps! Es farà fosc, amorraran les barques, i no haurem començat a jugar. ¿Que la *Panxita* us torna de Jamaica? Qualsevol diria! El pare va anar més lluny, a Rússia i tot. Va venir amb un abric de pells i quedava tan pelut, que semblava un ós. Quan va entrar a donar les gràcies d'arribada, fra Josep d'Alpens, que era a la trona, el va saludar de per riure com si fos el dimoni, el pare ho conta sempre. Au, ¿juguem o no juguem? Sembla que la vostra sigui l'única fragata que hi hagi al món. Ai, filla, que ets tossuda! Comptem, i a qui toqui, que no protesti. Macarró, macarró, xambà, xibirí, xibirí, mancà. Tu, una altra vegada, Tereseta, fort. Escampem-nos. Ranqueges, Bareu? Espereu-vos, nois, que el Bareu ranqueja. ¿Se li fan condicions o vigila el marro? Bé, que ajudi a vigilar-lo. No et queixis, Tereseta, que no pares sola. Au, a la fi. Ei, d'esquena! Si el Bareu, coix o no, fa de porter, ens serà quasi impossible d'atansar-nos a la rectoria. Qui xiscla "fet"? No, Teresa, no, nosaltres no ens havíem encara amagat. No baixis les escales, Tereseta, et dic que no les baixis, un poca-solta s'ha escridassat abans d'hora. Excuses, ¿enredaire jo, que em veig atrapada? Quines poques ganes de jugar que tens! I et fa ràbia de parar, ve-t'ho aquí. No baixis les escales, que no em sents?, no les baixis. Està bé, renyides! Sí, ja em pots córrer al darrera, plego.»

II

«No les havies vistes? Noi, d'on surts, si varen tornar ahir! Aquesta vegada ha estat un senyor viatge de tres mesos, per la Bàltica i després, per terra, és clar, per Alemanya, Suïssa, Milà, Venècia i Florència. Varen deixar la *Panxita* a Dantzic. És estrany, no havien d'anar a Itàlia, perquè el viatge era solament per mar, un viatge comercial. Devien persuadir el capità de convertir-lo en un passeig de plaer, en una volta romàntica. El pare els concedeix tot el que li demanen. Avui estan radiants, conten i no acaben. Han dut muntanyes d'objectes magnífics: cristalleries de Trieste, porcellanes procedents de Capodimonte, marbres, sedes, medalles. A Fiesole es varen trobar amb Vicenç de Pastor, o ell els va anar a trobar, perquè estima Teresa. Sospito que no ha tornat massa triomfador, està capcot i es nega a la confidència. Sí, són unes noies molt boniques, i Teresa ho és més que Júlia, que no? No m'hi avinc, Teresa és més bonica. Sobretot d'ençà del retorn, li endevino una lluïssor als ulls, una llum recollida i llunyana, una alegria amagada i manifesta alhora. Júlia és més fina, però no té la personalitat de Teresa i està delicada. La mare va morir tísica, recorda-ho, i això va ser un cop per al capità. Aquest i el disgust del fill, malaguanyat noi. Crec que ara és a la Trinitat, enmig de negres i de purrialla blanca. Es va casar amb una criolla, potser fins i tot una mestissa, tenen una criatura escarransida, una nena geperuda, i em penso que la passen magra. Ja s'atansen. Mira com baixen les escales de l'església, ni freguen els graons. Teresa és esplèndida, tu queda't amb Júlia. Ja te'n pots riure, ja, però semblen unes duquesses, i aquesta tarda, al ball de l'enramada, seran les reines.»

III

«No saludis Teresa, no la saludis, no veu ningú. Com ha canviat, ella que era tan alegre! És que són molts cops, l'un rera l'altre. Júlia es va morir, després d'una lenta agonia, d'haver lluitat mesos llargs, amb coratge, contra la mort. El dia mateix que es va morir, la *Panxita* va encallar a les boques del Roine. No, no va ser una pèrdua econòmica considerable, perquè en Vallalta és ric, però estimava tant la seva fragata! D'ençà del naufragi, no s'ha embarcat més, ha avorrit el navegar. Es passa els dies a la Pietat, la seva horta, enmig d'arbres i de llibres, contemplant el mar de lluny. Aquest home, tan fort abans, ara és un vell vacil·lant, decrèpit. Ja no conta les seves aventures marines, perd la memòria. Quin home que va ser! Diuen que va arribar a assistir, de brivall, a l'expedició d'en Barceló contra Alger, la passada centúria, encara que els comptes potser no surten, i ha estat després pertot arreu, a Ilo-Ilo, a Mèxic, a les Nicobar, a Terranova, a Odessa, però ara el capità ja no desitja sinó morir en la calma de les seves arbredes, i la filla el cura, el vigila. Sí. Teresa és una dona potser de quaranta anys, potser de més, i Vicenç de Pastor encara espera una paraula dels seus llavis, però Teresa no estima ningú. No la saludis, és inútil, no et veurà. Baixa d'esma les escales.»

IV

«Fixa't com baixava les escales, que senyora! Pas de dama, lent, compassat i lleuger alhora, d'un ritme igual, segur, d'una escola, d'un estil que s'han perdut. Sí, Teresa és molt vella, ja ho saps, té els meus anys. Que si ho puc recordar? Vàrem jugar tantes vegades juntes, en aquesta placeta, a cuit, a marro-titiu, al soldat plantat, a saltar i parar. I això ara és ben lluny. Aleshores el poble se'ns apareixia com si fos més gran, immens, d'un color molt més ric, amb un altre caràcter. Les nostres corregudes sempre descobrien un nou racó amagat. Cada tarda esperàvem al sorral l'amorrada de les barques i, de tant en tant, el retorn d'algun veler d'Amèrica o de la mar remota de la Xina. El meu pare també va ser pilot i anava fins a Rússia, a través d'aigües gelades, vorejant niells de glaç. Arribava després vestit amb pells, igual que un ós, i a l'església escandalitzava amb el seu luxe. Tot va passar. Algun dia, al capvespre, ens enfonsàvem pels canyars dels rials, amb l'esgarrifança d'una aventura prohibida. Avançàvem mig a les palpentes, i ens voltava com el pressentiment d'un miracle. Hi havia potser una teranyina de boira al Remei i una gropada de bruixes al fons, damunt la Muntala. I contàvem, en tornar, a les nostres àvies l'incident d'una topada amb algun fantasma. Tot va passar. Vàrem anar creixent, i jo em vaig casar. Teresa i la seva germana Júlia, morta, tísica, de fa molts anys, varen viatjar amb el capità Vallalta, en la *Panxita*. Més tard la fragata va naufragar, i al cap de poc Júlia i el vell es varen morir. I ara, ja ho veus. Teresa passa pel meu costat sense mirar-me, amb la neboda geperuda al darrera, com una ombra de gos, passa fregant-me i ni em mira, i la meva família és almenys tan antiga com la seva, i jo li he de donar tractament, com una menestrala. Tot va canviar. Teresa és una vella trista, no sap riure. I el poble em sembla, i a ella de segur que també, tan petit, tan buit i rònec! I en altre temps la nostra fantasia l'imaginava com dintre un núvol, sense límits. Carrer de la Bomba, Rera-la-fleca, carrer de la Torre. Teresa baixava rabent els graons de l'església, i fixa't ara com els baixa. Això sí, tan senyora, amb pas de dama.»

V

«Tu diràs, ¿la caixa de la «Fragata» no serà de fusta bona? I fuig, la neboda és ganyona, anem, però no escatimaria un cèntim en un detall de tant supòsit. Al cap i a la fi duien la mateixa sang, i no s'exposarà a les estisores de les llengües. Mira, de criada, o pitjor, a senyora i majora: els camins de la vida. El senyor Vicenç de Pastor, que encorbat! Sembla un axioma. Desenganya't, és tan vell i es queda tan sol, i diuen que sempre la va estimar, vés a saber. Sí, una gentada, aquest espectacle no es veu sovint, dones com la «Fragata» no es moren cada dia. Uf, molt rica, calcula-li per un cap baix dues-centes mil unces i et quedes potser curta. La picossada, sencera per a la gepes. Ai, no, filla, no, no em fa peça. Déu m'ha fet ben dreta igual i amb salut. Ho prefereixo. Per deixar-ho! Fixa't com la ronden, ahir l'allunyaven gairebé a fuetades, i avui fixa't com la llepen. Totes hi són: la botirona Bòtil, la Coixa Fita, la Caterina, la Narcisa Mus. Aquestes últimes, totes tres, varen amortallar la vella, perquè la Paulina, la neboda, no en va ser capaç, i ja li passen el platet, les males pues. Saps el que em va contar la Narcisa? Vet aquí que, mentre buscaven la mantellina de la morta, varen trobar uns rulls rossos i el retrat d'un home dintre una capseta, el retrat d'un jove alt i fort. I, espera't, hi havia un nom a sota, un nom estrany, com de gavatx. I ningú no va sospitar mai res, com que va viatjar tant! I ella, tan dura, tan orgullosa. No saludava la padrina, la meva padrina, que Déu l'hagi perdonada, perquè era pobra, i això que havien jugat juntes, de petites. I ja ho veus: un, d'amagatotis. Anem, però, és un suposar, el cas és que potser no va fer mai res de mal. Quietud, ja la baixen. Ha de pesar, i aquestes escales són estretes, que no rellisquin. La fusta és cara, no en pots dubtar, és cara, ja t'ho deia. Els del baiard suen, fan angúnia, mira com suen. Vejam si l'esberlaran daltabaix de les escales.»

TÒPIC

«Una màquina va arreplegar», vaig contar una vegada, «el meu amic Eleuteri mentre treballava (en la seva curta vida no va fer una altra cosa) i li va seccionar la femoral dreta. Diuen que l'Eleuteri va llançar tres o quatre crits agudíssims. Els companys hi varen acudir i pararen la màquina. L'Eleuteri es rebolcava per terra, xop de la pròpia sang, un bassalot que creixia. En veure'l, alguns es varen accidentar i d'altres sortien a la recerca d'auxili. El metge va venir i donava moltes ordres ja inútils. L'Eleuteri va ser traslladat en una ambulància improvisada, i així varen anar buscant el remei introbable. Un cop el cos va estar ben escolat, decidiren a la fi de dur-lo a casa seva, a la seva mare. La gent s'amuntegava amb xivarri a l'entrada.

"Què és, què passa?", va preguntar la vella.

"Oh, no us espanteu, l'Eleuteri, a la feina...", començava el cor tràgic.

"És mort!", va xisclar la vella.

"Bé, és cert, també ho ha de saber", va concedir el coreuta, un veí amb el fetge idoni i provat per a aquests casos.

"Vull anar on és el meu fill, el vull veure", s'escridassava la dissortada.

“Marieta, calmeu-vos, dona, us agafarà un treball”, profetitzaven les bones ànimes. Però la mare s'obria camí i s'abraçava a la despulla del fill.

“Que blanc!”, ponderava tothom, en veure'l rígid damunt el llit. “És clar, si no li queda ni una gota de sang a les venes. I com ha estat? No me'n sé avenir.”

»Es varen donar moltes versions del fet, i cap no satisfeia. El cadàver tenia entretant un somriure als llavis prims. Desaparegut el rictus de l'agonia i de l'horror, les faccions asserenades recordaven a la mare la infantesa del noi, tot un món. El pobret Eleuteri, en vida tan callat i insignificant, senyorejava, suprem jerarca del moment. Tots acatàvem aquell marbre noble, el clapoteig tan nou en el silenci, a l'altra banda.

“L'ha destrossat molt?”, reprenia el cor.

“No, i després del treballet del senyor metge en cosir-lo, ni ho coneixeríeu. Un trau profund a la cama dreta i res més.”

“Enmig de tot, no ha sofert a penes, de segur”, contava el metge, estarrufat per l'elogi. “El xoc va ser violentíssim i el va privar de tota consciència de la funció sensorial.”

“Era el meu fill”, bleixava Marieta.

»Corrues de bruixes sol·lícites es mobilitzaven i tornaven amb aiguanaf, til·la, tisanes ben calentones.

“Preneu-ho, Marieta.”

“Aquesta dona no ho suportarà, tan delicada, i potser fóra millor.”

»D'altres opinaven que no, perquè, qui quedaria pregant pel pobre Eleuteri? I voltaven Marieta, la masegaven, se solidaritzaven a crits amb el seu dolor, cadascú volia ser el primer en l'agraïment i en la lloança. Totes les dones pensaven: "Si hagués estat el de casa!". I s'esborronaven, volien allunyar el presagi i abraçaven Marieta, a la qual tocava, i Déu nos en guard que a ningú més, de representar aquell paper amarguíssim.

»Arribaven, avisats amb urgència, el germà i la promesa del difunt. El germà era casat, tenia família i per aquest motiu quedava de seguida exclòs del primer rengle de la llàstima. La promesa, en canvi, pobra xicota!

"Gairebé una viuda."

"Ho pots ben dir. Si s'havien de casar d'aquí a un mes, pel novembre!"

»El trasbals de Nepomucè Garrigosa, l'amo de l'Eleuteri, va constituir un detall de més supòsit. Estimava l'Eleuteri com a un fill, si de tan marrec l'havia pres d'aprenent! L'Eleuteri era tan honrat, tan bo, i servia per a tot, i era tan humil, prudentíssim, i amb poc en tenia prou: s'acontentava amb la cinquena part del sou que li pertocava.

"Aquest és el primer disgust que em dóna. Tenia tota la meva confiança, ja ni el manava, perquè sabia la seva obligació i no parava mai. Que calia treballar quinze, vint hores? Com aquestes. I ara aquesta mort estúpida, inexplicable. L'estimava com a un fill, us ho dic, Marieta. La de casa ni gosa venir, disculpeu-la.

Vós esteu de dol, oi? No guanyareu el d'ella, està fins malalta."

»L'entendridor discurs va provocar un exitàs de plors. Què més? L'Eleuteri va ser vetllat tota la nit, i el poble en pes el va acompanyar l'endemà al cementiri.

"El noi estava altrament assegurat, Marieta. Amb les noves lleis, percebreu almenys cinquanta mil pàfies, sempre és un consol. I no us amoïneu per l'enterrament i els funerals, són a càrrec meu. A més, aquí teniu la setmanada que el pobre Eleuteri no va acabar. Esteu contenta?"

»Marieta deia d'esma que sí, i l'amo va anar a tranquil·litzar la dona malalta i ja no es va acostar més, ni calia, a la casa de la desgràcia.

"Rebreu, n'estic segur, cinquanta mil pessetes d'indemnització, Marieta, un capital", afirmava el veí coreuta.

»Marieta cobra una pensió de trenta-nou pessetes mensuals,[26] el que les lleis manen, però la gent li enveja la quantitat il·lusòria, l'altra. I tothom, fora de la mare, ha oblidat l'amic Eleuteri.»

«Bé, sí, el tòpic de l'obrer honrat, de l'amo usualment sensible i de la mare en la misèria», va comentar

26. En la moneda d'abans de la nostra guerra. Per atènyer els satisfactoris bíceps de la previsió social d'ara, l'avisat lector hauria potser de recórrer –almenys!– al pes i a l'esforç gimnàstic d'un potent zero. O ja de dos.

Pulcre Trompel·li, que m'escoltava. «Segueix el meu consell: no parlis més de l'Eleuteri. *Hélas, hélas, la bêtise humaine!*», va xiular la pulcra persona. I a l'acte vaig reaccionar a aquella intel·ligent invitació de retorn a l'ordre. «Com que Pulcre té raó, t'he de donar l'últim adéu, honrat, bondadós, treballador Eleuteri, estimat amic», reflexionava. «Cal que no parli de tu, perquè ets un tòpic. Però ¿recordes com corríem amarats de sol, xops de suor, encalçant-nos pels rials, a través dels canyars, cap a la platja? Tots els de la colla corríem sense alè, xops de suor. Després, molt més tard, et vas rebolcar en la teva sang, i ara la terra et colga, i no parlaré més de tu, excusa'm, perquè Pulcre Trompel·li ha dit que ets un tòpic. I saps?, tu no ho entendries, però Pulcre té raó. I és terrible per a mi que Pulcre tingui raó, honrat, bondadós, treballador, estimat Eleuteri.»

ELS SUBALTERNS

«Creieu-me, ho sento», es condolia el Director, mentre encenia el gros havà. «Rebeu, amics, el testimoni de la meva consideració. Tots em mereixeu el millor dels conceptes.» «Gràcies!», agraïen a l'una els subalterns. «Jo, però, no hi puc fer res», reprenia el Director. «No em queda en aquest cas cap marge d'iniciativa. La nostra Fundació depèn, com sabeu, de l'Estat, aquest Estat absorbent, en fallida. Quan siguem independents...», afegia, abaixant la veu. Els subalterns entraven a l'acte, amb gestos adequats, en la conjuració. «Quan siguem independents», va dir encara el Director, «no passaran, aquests abusos enormes». «¿N'esteu segur?», preguntava la frisosa secretària Teresiana Cacao. «Uix, filla, quines, preguntes!», va dir el Director patriota. «Uix, quines preguntes, companya Cacao!», salmodiaven a cor els subalterns. «Celebrarem per endavant el triomf de la causa. Teniu!», oferia el Director. I repartia, amb mesura, copetes de vi generós. «Gràcies!», acatava el cor subaltern. «A-la-salut-del-nostre-Director!», desitjaven, amb molt de ritme. «Bé», articulava l'homenatjat, quan tots havien begut. «Em teniu sempre, amics, disposat...» Tots varen comprendre que l'entrevista era acabada. «Així», va dir la pobreta, herètica, nerviosa Cacao, «no cobrarem les mesades que ens deuen, el nostre dret?» «Nena!», advertien els companys més vells. «Que no heu escoltat?», va dir el Director, molt sever. «Ah, i us previnc, senyoreta, que sofriu en la vostra feina distraccions d'importància. Cal més eficiència, benvolguda senyoreta. Ho tindreu present en el futur, goso esperar.» La Cacao va empal·lidir més del que ja estava: campionat de blanc. «Sento aquest retard, ho podeu creure. Aquest Estat!», va ironitzar el Director. «Acabareu, però, cobrant, quin dubte! I sort que anem de cara a l'estiu. Suportareu millor la trigança, ja sabeu la dita popular.» «A-l'estiu-tota-cuca-viu», recitaven amb bon ànim els subalterns. El Director va riure. «Magnífic, bon humor, m'agrada. Bé, a reveure, fins a l'octubre, que en tornarem a parlar. Em mereixeu, senyors, el millor dels conceptes.» I va sortir, tot assaborint el gros havà. Al cap d'un minut, un auto s'allunyava, amb soroll optimista. «I ara què farem?», es varen preguntar, en quedar-se sols, els subalterns, una corrua de boques imperioses. «Què se me'n dóna, del concepte del Director? Guanyo cinquanta duros al mes, no tinc altres ingressos i he de mantenir sis fills, la dona i la sogra per torna!», s'exclamava Benedicte Battistini. «I ara es proposen d'escanyar-me el sou, estafes!» A Teresiana Cacao li havien operat la germana. Eren òrfenes, vivien soles i s'estaven menjant aquella mica de racó. Ningú no voldria la degana Verònica Marfà, tan vella, en una altra banda. Anselm Lloveteres tenia el fetge perdut i cada estiu s'hi posava un pedaç en un balneari. Com podria, però, aquest any que ho necessitava més que mai, abandonar la ciutat sense un cèntim? I aquell xicotàs de Baldomeret Moixí, tan alt i esprimatxat, mig tísic, a qui convenien, més que el pa que no menjava, els aires de muntanya, i Querubí Torros, i Camil·la Misser, i Mitzi Santacana. i Paula Forns, i Òscar Tàpies, i Semproni Maians, i tota la resta, amb tantíssimes obligacions, sense reserves ni recursos. «Entretant, el brètol del Director bé va en auto, fuma havans i no li ve de cinc duros ni de mil pessetes. Diu que és l'Estat. Hum, si el Director ho volia!», deien, cadascú a la seva manera, els subalterns. «Fa quaranta anys que sóc empleada aquí. Això, però, tant, no m'havia passat mai», es planyia Verònica. «Tinc sis fills, dona i una torna a qui anomeno sogra», repetia Benedicte Battistini. «I de quin tros hauré de viure?» «L'operació de la germana em va escurar aquella mica de racó dels tants afanys», plorava la nerviosa Teresiana Cacao. «El meu fetge!», es queixava Anselm Lloveteres. «Ehem, ehem», tossia aquell xicotàs de Baldomeret Moixí. «Suggereixo», s'animava la menuda esportiva Mitzi Santacana, «una manifestació de tots nosaltres pels carrers». «Em plauria», aprovava el combatiu Semproni Maians. «Així el públic coneixeria el nostre problema.» «Sant cristià!», s'escridassava la cautelosa resta. «Sí, per ser acomiadats al retorn del Director, amb la gana que corre i els qui empenyen.» «Estic molt trista», va cloure Verònica, la degana. Tots varen desfilar. «Com heu passat la temporada de calor? Bé, espero», va dir, arribat l'octubre, el Director. «El pobre Moixí, aquell xicotàs, s'ha mort, qui ho havia d'imaginar! Me n'assabentava a l'estranger. Una llàstima. Vós, Lloveteres, heu de tenir cura del vostre fetge, estimat amic. Els altres gaudeixen, ho noto amb satisfacció, d'una salut envejable, envejable.» «Gràcies!», varen dir els subalterns. «Quant al vostre afer, sembla que va per bon camí, però us cal una mica més de paciència, res, només dos o tres mesos. En fi, em sap greu, estic tan content de tots vosaltres! Sí, sou uns col·laboradors excel·lents, i us tinc, creieu-me, en el millor dels conceptes.» «Gràcies!», salmodiaven a cor els subalterns. «Això no s'arreglarà d'un cop mentre el nostre país... Beguem perquè el nostre país...», va afegir el Director en veu baixa. I encenia un gros havà i repartia a cadascú un ponderadíssim vas de vi de llibertat. «Gràcies!», cantaven els subalterns, molt còmplices de to i de gest. «Així, senyor Director, ¿ara tampoc no cobrarem?», va xisclar de sobte la pobreta, herètica, nerviosa secretària Cacao. «Senyoreta Cacao!», blasmava el Director, molt seriós. «Companya Cacao! Però, Déu meu, companya Cacao!», amonestaven, unànimes, els subalterns.

BARRIS BAIXOS

«Una forta manotada a l'esquena em va aturar, quan travessava un carrer.

"No et feia aquí."

»I de seguida confidències sobre diners i dones, aquests temes eterns. I les confidències es barrejaven amb manifestacions d'alegria. El meu amic era cepat i acostumanava a menjar fort. En el seu bon temps, diversos cors femenins havien sospirat per ell, amb més o menys interès, segons el guany.

"Fa tronar i ploure", envejava la gent.

»Després, el pobre xicot, reumàtic, casat i amb fills, ja no feia ni llàstima. La vida és així.

»Però aquell dia encara em va parlar amb exaltació.

"Et dic que val la pena."

»Dibuixava:

"Com aquestes. No t'ho creus?".

»Resumia:

"Formidable, noi. En dubtes? Vine amb mi".

»Carrerons avall, aviat ens perdíem entre xiscles de mainada i veus de venedors de cacauets. Capvespre. Calda. La calma planava damunt Lavínia. Pols, mandra, batusses, blasfèmies. De tant en tant, una pluja d'escombraries queia dels balcons. Els gossos es precipitaven sobre les deixalles i es disputaven cada rosegó de la immundícia. Va passar un home amb la cara tapada com amb una màscara de pus. Des dels portals, les dones ens cridaven.

"Vols sopar? Farem temps."

»Entràvem en una taverna. Sortia a rebre'ns l'home de rera el taulell, un monstre rabassut de cames tortes, amb gepa i veu d'espinguet. Ens introduïa en una habitació llargaruda, plena de taules amb estovalles tacades. Una trentena de desferres s'havia redossat allí. Brogit, fortor de tabac baratíssim, grinyols de ganivets en els tendrums de carn de mort en una pissarra recomanada amb màxim encomi, ritme de xarrups. Cada plat s'havia de pagar per endavant. Ningú no es fiava del veí. Un negre alt com un sant Pau remenava brou espès. El vessava. Portava embranzida, i l'esdevingut feia gemegar. Però s'hi repensava i ara llepava amb delit els indrets xops del potatge. Mentre aprofitava, va entrar una xicota pigada, acompanyada d'un perdis. L'home li exigia més diners, i ella s'hi resistia. El pinxo començava a maltractar-la sense soroll. Tothom s'ho mirava amb indiferència.

"Afluixarà al capdavall la mosca, menda t'ho diu", fraternitzava el negre, en una pausa de la cacera del brou. I es gratava una orella, convençut.

"Som-hi?"

»Sortíem, no massa tips, però havíem fet estona. Tombàvem per una cantonada. L'amic indicava el rètol elèctric de *music-hall*.

"Aquí."

»Unes parelles es movien amb penes i treballs, encofurnades en un espai reduït. Cares esblaimades, mirades de fatiga. I suor, una suor engafitosa, enllardufada. Una cambrera es va asseure amb nosaltres. Aviat, però, la cridaven. Quan va tornar, respirava amb esforç.

"Tot per quatre cèntims. I encara bo", va dir. Uns invertits passaven, escarafallosos, i la dona ens els va anomenar: la Verge Folla, de celles depilades, i Pell i Os, de cos de serpent i llavis molsuts. I Pitoperume, amb pantalons de franel·la blanca i camisa de seda de color malva, com una brusa de somni de pagesa, a estrenar a l'envelat de la festa major. I la Colometa, una galiassa d'anques poderoses, i Faisà Daurat, la Lleona, el Lliri i el seu amant, el Crisantem, amb braçalets, cabells rossos i serrells. La cambrera ens detallava amb menyspreu de dona les obres i miracles d'aquella tropa.

"I aquí on els veieu, malmenen caça, els cretins."

»L'orquestrina de la purrialla encetava un xarleston. Platerets, bombo, violinassa. Brandar de caps, de ventres, de cames.

"És aquella!", va cridar de sobte el meu company. "Eh, què et sembla, exagerava?"

»I sortia a reunir-se amb la seva Afrodita: estulta, rostida, oca, cromo.

"Si és en Josep Sereno!", protestava jo.

»No em sentia.

"Me'n vaig", avisava a l'enlluernat.

»Però l'estrany amor l'absorbia de debò. I jo vaig plegar.»

«Excitant!», va dir Pura Yerovi, dameta casada de poc. «No he estat mai als barris baixos de Lavínia. M'hi has de portar, em vull divertir», demanava al marit. «I vós ens hi acompanyareu.»

«No», vaig respondre amb fermesa. «Perquè no tinc ganes ni esma de retocar més aquest fidel però dolent clixé.»

«Aquesta és la ciutat de perfecta bellesa, l'admiració de tota la terra», citava sense exactitud Salom, erudit i estúpid.

Miratge a Citerea
Fragments morals

A la memòria d'Emili Grau Sala, que va il·lustrar memorablement els desvaris de Carlota.
I a Jaume Vidal Alcover, que sempre els ha acollits amb un comprensiu i amistós somriure.

PRÒLEG

Presento Carlota i la seva obra al públic. Carlota m'ha demanat de fer-ho, i no m'hi puc negar. En anar a obeir el desig i el manament de la meva estimada amiga, he promès de dir el que penso, amb tota cruesa. No hem d'enganyar mai els joves, i Carlota ho és, joveníssima. Acaba de sortir d'un pensionat, un col·legi aristocràtic, tipus súper Sagrat Cor, recollit, ociós, amb llargues hores de pregària i silenci, encerclat per un jardí amb roses i una palmera groga. Pluja, abaltiment, un pausat esfullar-se de roses. Les roses plauen a Carlota. Transigeix també (la meva amiga ho és dels poetes) amb assutzenes i anemones. Carlota s'embadaleix davant la lluna i és visitada, ho gosaríem afirmar, per l'àngel, un àngel-ocell-vol-ala sense missatge, amb veu de clàxon i un peu entortolligat en una xarxa de fils de telègraf. Carlota ha après al pensionat llengües vives i mortes (de seguida es comprova en llegir la seva obra), catecisme, rudiments de Botànica i una cal·ligrafia impersonal i elegant. Posseeix (no es pot negar) una cultura variada i extensa. ¿Ens seria lícit d'estranyar, doncs, que Carlota escrigui? ¿La meva pobra amiga podia potser resistir la temptació de la ploma? Dintre el mateix col·legi, Carlota apunta, superant prohibicions i vigilàncies, neguits, anhels, el que sent, el que observa. Això, dia rera dia. Conseqüències: un pilot de papers plens d'una lletra elegant i aguda. Carlota m'ha sotmès a revisió tota aquesta muntanya, i aquí teniu, unes pàgines enllà, el resultat. Hi vaig treballar quinze hores, distribuïdes en tres dies. Vaig llimar, mesclar, destruir, això darrer sobretot. Ha quedat un llibre *polit* i no sé si *graciós*. La memòria fidel de Carlota guardarà, sospito, la resta.

Així ha estat engendrat i ha nascut «Miratge a Citerea», una breu divagació sorgida d'una tria de memòries escolars, una divagació entorn d'un miratge ocorregut a les terres somnioses de Citerea, una Citerea watteauiana (és clar), carregada de literatura florida i un poc irònica. Precedents? Influències? Apressem-nos a facilitar la labor del crític. Carlota ha llegit Barbey, Wilde, D'Annunzio, Valle, una mica (no gaire) Cocteau. Carlota sap que ja no és l'hora de les seves preferències i procura de disfressar-les i escamotejar-les sota una suau ironia impalpable. Aquesta ironia salva una part de la seva literatura, que correria altrament algun risc. Perquè, ho hem de dir, la ploma de Carlota regalima de literatura. Fins en els moments més emotius, més sincers en aparença, Carlota es dóna en espectacle a ella mateixa, gesticula davant el propi mirall, recorda un model i somriu, tot esmunyint-se. L'obra fa l'efecte d'un joguinejar intranscendental, d'una burla riallera i amable. I bé, us sorprendreu: aquesta frívola Carlota té, amb tot, la pretensió d'haver desenrotllat una tesi –o un tema?–. Miratge a Citerea: unes dones joves dedicades a percaçar en elles, a través d'elles (enlluernades, arrossegades per un miratge inevitable), l'home, parencer, complement i víctima. M'abstinc de dir si Carlota ha reeixit o no en el seu propòsit, però vull assegurar que Carlota ha estat guiada per una intenció honesta, clara. Carlota no ha adorat ni Afrodita Pandemos ni la divina Urània. Ella ha escollit una Afrodita equidistant d'ambdues, normal (una mica vacil·lant al principi, però ferma, imposant-se, més tard) i, si és precís (i sí que és precís per a Carlota), santificada i tot.

He parlat, segons el meu sincer parer, de Carlota i la seva obra. Ara el crític podrà o no afegir, a voluntat, allò de «el que podem afirmar és que som davant una obra de bon dring», o allò altre de «la prosa és neta, simple i no gens enfarfegada», o, encara, que «l'estil és tallat fi i cenyit, els personatges ben dibuixats i les seves reaccions ben analitzades». Això si el crític és benèvol –i ho desitjo de tot cor per Carlota, que m'avisa que m'he allargassat ja massa i que és forçós de cedir-li la paraula–. ¿Em serà permès, però, abans d'acabar, de revelar-vos que la meva amiga pertany a una família distingidíssima, entroncada, crec, amb els Salm-Salm? Que ha somniat un elefant alat i boirós, una mena de Pegàs (i de Crysaor, el bessó, a la vegada) dels proboscidis? Que té un avi mestre en el difícil art de conversar sobre precises bagatel·les? Que es prepara, junt amb la seva companya Manuela, sàvia humanista, a celebrar dignament el segon mil·lenari del nostre Horaci? No he de parlar tant, però, si heu d'esbrinar tot això a mida que us endinseu en la lectura de l'obra de Carlota. No heu de témer de fatigar-vos: aquests fragments de memòries tenen, almenys el positiu avantatge de ser brevíssims. Que Carlota em perdoni, que ja acabo. En acomiadar-me de la meva agradosa feina, li voldria recordar (tot desitjant-li futurs i sorollosos èxits, perquè Carlota escriurà, no en tinc cap dubte) el meu deure, que vaig aprendre fa anys a «Marianne», de «descoratjar els joves». Tenint en compte el país i l'evident immaduresa actual de la meva amiga, ella m'agrairà la dura veritat, temps a venir.

Salvador Espriu
B., 30-XII-1934

Aquí comencen els fragments de les memòries escolars de Carlota

> Avançava, ofert en espectacle, comediant disgraciós, un home. Viu o mort?... jo havia estat algú, era algú, alguna cosa... Què? Havia dit que, més enllà de la disfressa teatral, era una idea. Idea?
>
> Espriu, *El doctor Rip*

> ¿Es el hombre una idea encarnada –en carne de ficción–, o es la idea un hombre historiado, eternizado así?
>
> Unamuno, pròleg d'*El Hermano Juan*

Clàudia ha entrat de sobte i s'ha atansat, sol·lícita, a besar-me: un pretext. Clàudia volia saber, sens dubte, el que turmentava la seva estimada, la seva petita Carlota. «Filla, quina migranya més maligna, un dia i un altre! Haurem d'acudir a l'auxili del cel, per tal que allunyi aquest dimoni que et fa sofrir tant.» Ha rigut, tot marcant les paraules, el «per tal» sobretot, divertida del dring pedant de la frase, i després s'ha senyat. «Dimonis del mal de cap, rai! Quan tenim l'ànima plena de pecats!» Ha dit això una mica maquinalment, com una reminiscència irònica dels exercicis espirituals. «Què llegies?» He fet un gest vague, d'indiferència. «Sí, no diguis que no. Prou sabem que ets la més il·lustrada de nosaltres. Sols et faltava l'ajut de la mare Llodio. I quin últim llibre t'ha recomanat, m'ho vols dir?». La insídia m'ha sobtat. És que sospita? Senyor, aquests magnífics ulls, serens, impenetrables, d'un mirar sense cap aparent malícia! «Bé, veig que t'ho vols callar, et deixo tranquil·la.» Ja era hora. Clàudia m'odia, però tan deliciosament, que no li guardo rancúnia. És tan suau, tan insinuant, d'una elegància tan felina, i té unes mans tan pàl·lides, tan senyores! I tanta enveja! Ara anirà a contar a les reverendes mares un seguit de fantasies intencionades. El rajolí de la seva veu broda una història, de la qual sóc la protagonista invariable. No tardaran gaire a fer-me cridar i s'interessaran, amb molta falsa angúnia, per aquesta meva molèstia massa duradora. Pitjor per a ella i per a elles, les meves il·lustres i reverendes mares. Maria de Llodio em recordaria que *«la malice aux malins consomme»*.

L'altre dia vaig haver d'interrompre precipitadament el meu escrit. Quantes angúnies! Sé a quin càstig m'exposo. Si em trobaven aquest quadern de memòries, hauria d'abandonar amb ignomínia el col·legi. Aquest perill constant i aquesta por en què visc donen, però, «un encant immarcescible» a la meva aventura. Si em descobrien, seria judicada a l'acte i expulsada. Si em descobrien, la meva memòria seria escarnida al pensionat, i la meva deliciosa enemiga somriuria triomfant. Si em descobrien, els *seus* ulls plorarien per mi.

Plorarien per mi, ploraran per mi! Millor, que em descobreixin, que pateixi, que sàpiga almenys el que jo he fet per ella, el que he sofert per ella. Maria de Llodio. Aquest nom em burxa de dies i de nits, em crida a les orelles i a la consciència, salta amb lletres de foc davant les meves parpelles closes, les meves pobres nines cegues per a cap altra consolació que no vingui d'ella. Llum, Maria de Llodio! Un abisme amenaça engolir-me.

Incontinent les malheureux
sont cheus au piege faict par eux.
Leur pied mesme s'est venu prendre
au filé qu'ils ont osé tendre.

Mater Doktor Nipkopf m'ha arrossegat materialment al jardí. *«Kopfschmerz? Es ist nicht wahr. Du bist zu jung, mein liebes Mädchen.»* Mentrestant vocalitzava perquè jo l'entengués, amb un afany pedagògic molt lloable. Mater Doktor Nipkopf és simpàtica, blanca i roja, sap Arqueologia, ensenya Moral (per obediència, no per vocació, diu ella), i el seu alè, temo dir-ho, li fa una fortor insuportable d'all. Ella declara que es tracta així el reuma. Imposició facultativa, potser, al principi, ara Tall ha esdevingut la debilitat inconfessada, la voluptat única d'aquesta dona. Sospito, però, que Mater Doktor va adquirir aquest costum a la seva granja de Pomerània. Mater Nipkopf és, com a teutona, entusiasta de Kant. Com a catòlica, es veu obligada a rebatre'l en dotze punts, a la seva càtedra de Moral. Això constitueix la tragèdia de la seva vida, una dissort recordada fins en els esplais arqueològics més íntims. *«Ach, Kant!»*, diu Mater Doktor. Divaguem pel jardí, un jardí de roses (místiques, naturalment) presidides pel desmai central d'una palmera.

Aquesta nit he tingut un malson, he somniat que Emili em besava. Encara que potser no era Emili, sinó Tarzan. O Maria de Llodio? Aparta, aparta, Satan! Maria de Llodio va aparèixer més tard, al final de l'evasió tempestuosa per la jungla, i amb els llavis em fregava castament el front i em va retornar la puresa.

I tanmateix, quan jeia als braços d'Emili-Tarzan, no em recordava de Maria de Llodio. Va ser després, al final de la cursa, en sentir jo la primera esgarrifança de fatiga, el pas elemental a la vergonya del cos nu, a la misericordiosa retòrica dels preceptes prohibitius que envolten l'aversió inevitable de l'aurèola poètica del càstig. ¿Maria de Llodio em va retornar al sender de la castedat o em va alliberar de l'enuig incipient contra Tarzan-Emili?

Una companya externa ha portat avui una col·lecció de fotografies d'artistes de cinema, d'artistes de l'altre sexe, no cal dir-ho. Avui no s'ha parlat al col·legi d'una altra cosa, i se sentia, tant al jardí com a la sala d'estudi, l'ofec dels sospirs, una teranyina de xiu-xius i de rialletes reprimides. Ningú no ha sabut la docta divisió de les fanerògames, i hem escoltat com qui plou l'angoixosa crítica de Mater Doktor Nipkopf contra Kant. Conseqüències: les externes no podran baixar per espai d'una setmana al jardí. Nosaltres, les internes, hem estat castigades amb més severitat: ens han suprimit per deu dies les postres, l'únic tolerable dels nostres menjars. Joana creu que és un pretext per establir economies.

Entre les fotografies, n'hi havia una de Tarzan. El Tarzan dels films, el Tarzan dels meus somnis? Puc jurar que la nuesa atlètica m'ha produït tan sols un plaer estètic. Aquesta nit serà potser una altra cosa, però no hi fa res, perquè Maria de Llodio em redimirà en el moment oportú. A la gran selva del tròpic, la nit cedeix sense recança agònica al triomf de l'alba.

No he pogut resistir a la temptació i he ensenyat a la mare Maria de Llodio fragments del meu Diari. Només li he mostrat els fragments que no parlen d'ella, però comprenc que m'he equivocat i no havia de trair el meu secret, ni tan sols per Maria de Llodio. «Prou saps que el Reglament prohibeix amb una justícia severa el que tu fas.» No sé per què ha hagut de dir allò de «justícia severa», ho he trobat un «amanerament imperdonable d'estil». La seva actitud m'ha estat tanmateix molt penosa. Maria de Llodio ha criticat amb duresa el meu escrit. «Per escriure bé, cal que cerquis en tu una sinceritat màxima, sinceritat de pensament i de ploma. Si una frase et coixeja, no l'emplenis de paraules balderes, suprimeix-la. Abuses, estimada, dels adverbis en "ment", un veritable estol d'enemics de l'ànima. Aquests dissortats servents a tot estar literaris no expressaran mai un contingut cerebral, una situació emotiva. Amb ells podràs improvisar només un vers ben coix. Bastiràs amb penúria d'elements la meravella d'una creació duradora. Vèncer tot artifici és l'artifici més difícil d'assolir. Si ho aconsegueixes, et serà permès d'intentar una obra, la suprema dels anys adversos, quan l'artifici del temps t'ha treballat, i tothom t'oblida, i ningú ja no et llegeix.» Maria de Llodio calla una estona. «No m'agrada tampoc que judiquis amb aquesta falta de caritat. Has d'aprendre a perdonar i ser més bona. Potser sí que és veritat que tan sols Déu ens justifica.» Una llàgrima rodola per una seva galta. «I qui és aquest Emili?» La pregunta inesperada m'ha sotragat. ¿Sentirà gelosia Maria de Llodio? Oh, tant de bo, que així sigui! Miro els seus ulls, la boca sofrent, mortificada. «Caldrà que no escriguis més, si vols que siguem amigues, Carlota. No tinguis por, no diré res, encara que el silenci sigui contrari al meu deure. Però m'has de prometre que aquí no escriuràs més.» He fugit. ¿Sentirà gelosia Maria de Llodio? M'he cansat de plorar en un racó. Plor de vergonya, de tendresa, de ressentiment, de venjança. Per què ha hagut de ridiculitzar els meus adverbis en «ment»? Que em perdoni, però em penso que ho faig millor que algú el nom del qual provaria, si gosava, d'esborrar, d'ignorar. No, ella no havia de ferir la meva vanitat. Cruel, no la veuré més, la faré sofrir, ara que sospito que sent gelosia.

L'elefant del somni ens ha passejat quietament a través de la jungla. Els baobabs mil·lenaris brillaven a la llum de la lluna. Tarzan i jo ens hem besat fins a defallir sota la pau de la nit. Ja arran d'alba, Maria de Llodio ha aparegut, vetlladora. Al meu manament, l'elefant ha trepitjat el cos fràgil, i he sentit com l'espetec dels ossos esclafats s'escampava en ones sonores per tota la pell de l'elefant. Després, en tombar el cap, he vist com floria al lloc del martiri una pila d'anemones, d'orquídies o d'assutzenes, no ho sé. Hauré de preguntar a la mare Arístegui, la professora de Botànica, quina d'aquestes flors és més cultivable a la selva verge. Potser la paraula és *endèmica*, m'agrada més, *endèmica*. Però l'elefant s'ha topat després, ja als llindars del desert, amb els enemics de l'ànima. Encara em dura la sensació de terror: món, dimoni, carn i els adverbis en «ment». Comparat amb els altres companys, el dimoni, que feia molt mala cara, m'ha estat quasi simpàtic. «Perdoneu –m'ha dit– si em presento, la primera vegada que ens trobem, en una forma tan impròpia. Penseu que mai no havia sortit abans d'ara amb els adverbis en "ment". I us puc assegurar, senyoreta, que són uns mals soldats.»

Em vull morir. Sense ella, la vida és grisa, freda, insuportable. No la veig sinó a la classe de Literatura. Aleshores el goig m'és tan dolorós, que oblido a l'acte tot el que he de saber. No tinc més que ulls per mirar-la, per acaronar-la, per devorar-la. Ella m'interpel·la amb la seva veu tan trista, un filet de cristall a punt de trencar-se. Jo contesto vacil·lant, confosa. No recordo res i em mereixo de segur una mala puntuació. Les companyes riuen, i jo miro al meu voltant sense veure ningú i de tot cor ofreno a ella el meu suplici expiatori. Oh, si ella em volia perdonar, si em volia admetre una altra vegada a la seva intimitat, el meu agraïment seria tan humil, tan humil! Però no m'ho mereixo. Sóc tan dolenta, tan vanitosa, una escriptora pèssima! Sí, ho reconec, era esclava dels adverbis en «ment», un estol d'enemics de l'ànima. I jo que vaig creure, petulant ridícula, que Maria de Llodio sentia enveja de mi. Jo em judicava superior a ella, jo. *«Mea culpa, mea maxima culpa.»* Va fer bé d'apartar-me del seu costat, com si fos una leprosa. M'ho mereixo, però que em perdoni, que tingui misericòrdia de mi. O que almenys pugui saber si sent gelosia d'Emili.

Ella també sofreix. La seva veu és més trista i dolça que d'habitud, dolça per a tothom, però no per a mi. Per a mi és dura, seca, reticent. És veritat que, des del punt de vista escolar, no li dono cap satisfacció. És que no puc, no puc. Pateixo més que ella, en veure-la patir. Perquè m'estima, ho sé, m'estima més que a totes les altres juntes, m'estima i ha sentit gelosia d'Emili. No la puc, però, complaure. ¿Sóc una malvada, he perdut el meu amor propi, l'estimació deguda a mi mateixa? Em mira, i s'apodera de mi un tremolor estrany i, de seguida, una gran lassitud. Ja no recordo res, ja no sé res. Que em perdoni, perquè així no puc viure. Que obtingui el seu perdó i podré morir després, feliç, ben de grat. I garanteixo que em sabré les lliçons com aleshores, a consciència. Això sí!

Mater Doktor Nipkopf ens ha parlat avui de la necessitat imperiosa de dominar, de vèncer les passions. Una divagació molt erudita, a base de Smiles, d'all i de dispnea. Mater Doktor s'ofega i no es pot quasi bellugar, de tant de dolor. Feia llàstima i marejava. Ha acabat amb una citació de Burns, que vull retenir:

Reader, attend– whether thy soul
soars fancy's flights beyond the pole,
or darkling grubs this earthly hole
in low pursuit;
know –prudent, cautious self-control
is Wisdom's root.

Potser és veritat, però no vull ser ni prudent, ni reflexiva, ni sàvia. Sols vull estimar Maria de Llodio i que ella m'estimi. Sols la vull perdonar i que ella em perdoni, sols la vull besar i que ella em besi. Ja no somnio Emili, Tarzan, la jungla. L'elefant ha mort, i l'han enterrat entre anemones. Ara el meu somni llisca a través d'un camí de cendres, àrid. Sense cants, ni baobabs, ni llunes, ni enemics de l'ànima.

Ha estat uns quants dies malalta, i jo he mort. Les meves pregàries l'han tornada a la vida. Per a mi no hi ha dubte: han estat els meus precs. Avui l'he sentida, per primer cop, a la capella. He destriat a l'acte la seva veu, una veu magnífica, vellutada, tanmateix més prima. Ha cantat la glòria de Maria, i el miracle de la veu ha amarat de tendresa els nostres cors i fins ha empal·lidit harmoniosament l'or barroer de les imatges. Després, la nau dignificada ha quedat en silenci. La cerimònia acabada, hem sortit. Pel passadís m'he topat amb ella. La roentor em cremava les galtes. Un calfred em va envair, i vaig necessitar l'ajut de Joana, per no caure. Ella també es va trasbalsar. Va envermellir i passava de llarg, sense mirar-me. Han rigut al meu darrera. Durant el descans, les companyes comentaven en grups, tot contemplant-me amb dissimulació, i callaven, en jo atansar-me. En el centre, molt ufanosa, com un general, Clàudia.

Sóc una de les més endarrerides on abans era la primera. He malbaratat el meu prestigi, i ja no em queden, en la meva davallada, forces per reaccionar ni per compadir-me. Sols desitjo acabar, fugir, amagar-me. Compto els dies que encara falten perquè el curs fineixi, i és un compte tan llarg! Fins escriuré, si això dura, al meu avi que em vingui a treure d'aquí i se m'emporti lluny, ben lluny. Tant se me'n dóna el lloc: al Pol, a Rarotonga, a Konilòsia, a qualsevol banda, mentre no sigui aquí o la selva verge.

Clàudia ha preguntat per la meva migranya i m'ha notificat, de passada, que tenia el primer lloc a la classe de Literatura. «I la mare Llodio m'estima més!» L'he felicitada, i s'ha quedat amb una guspira de decepció als ulls. Esperava potser que em rebaixaria a representar una escena de desesper i de llàgrimes. «La mare Llodio m'estima», ha insistit. «No ho has notat? A la classe sempre em mira.» Sí, d'ençà que no em mira, no mira sinó Clàudia. No puc més, no passaré d'avui sense llançar-me als peus de la mare Maria de Llodio.

«No t'he de perdonar res, alça't. M'has fet sofrir molt, Carlota. No és cert que t'apartés del meu costat, tu en fugies. Les meves paraules et dolien, i la teva vanitat no les podia suportar. Tu dius que has sofert, però no saps el meu patiment. Em defugies, em negaves, quan creia haver descobert en tu un esperit bessó, la mà germana que m'alliberaria del meu castell de runes. Per tu, jo creia poder esperar i estimar, com en uns altres temps. No ploris, som amigues. Repeteixo que no t'he de perdonar res. Perdona'm tu a mi, si en alguna cosa et feria. Estudia i sigues bona. Fins t'autoritzo a prosseguir escrivint, amb adverbis en "ment" o sense, amb la sola condició de no llegir-me res del teu Diari. I digues: qui és Emili?»

Així ja no hi ha dubte, Maria de Llodio va sentir gelosia. Gràcies, Déu meu.

Començo a respondre. Parlo molt. Quan callo, pel passadís es perdien els passos de Clàudia.

L'elefant ha ressuscitat i ha escampat el seu bruel per tota la lassitud de la selva. La llum aigualida de la lluna xopava els baobabs. La boca d'Emili-Tarzan era avui més ardent, i el contacte de la nostra nuesa ha durat molta estona. En aparèixer Maria de Llodio, l'elefant l'ha cenyida delicadament amb la trompa i l'ha dipositada al nostre costat. Ran del desert, els enemics de l'ànima ens han rendit un homenatge infeliç. El sol sortia, i nosaltres senyorejàvem el sol.

Mater Doktor Nipkopf ha mort. El dolor li ha enrampat el cor, i la pobra no ho ha pogut resistir. Feia dies llargs que no la vèiem. La sospitàvem immobilitzada al llit, blanca i roja, amb fortor d'all medicinal, enyorosa de la seva Pomerània. Ara ha mort, ha mort demanant perdó a Kant i a Crist nostre Senyor. Era blanca i roja i innocent, sabia Arqueologia i ensenyava Moral i escampa pel cel, a hores d'ara, un tuf d'all angèlic. Totes hem vessat per ella unes llàgrimes discretes i l'oblidarem.

Era doctora en Filosofia per Marburg i en Històries per la Universitat de Giessen. Va ser prefecta a Frankfurt i visitadora dels convents d'Alemanya. Sentia últimament simpatia per Hitler i desaprovava la política del Centre Catòlic. Que descansi en pau.

Isabel i Manuela passaran, en sortir del col·legi, a la Universitat. Es preparen ja per a les proves d'ingrés. Isabel és alta i estudia amb preferència matemàtiques. Manuela és petita i bruna, *«mikrà kai mélaina»*, com diu ella. El professor Ortega y Gasset hi afegiria un enemic de l'ànima. Asseguraria, potser amb aquella punta d'intel·ligent cursileria que sovint el caracteritza, que ho és meravellosament.

Manuela és una humanista consumada. Sap Esquil i Cató de memòria. I jo que a penes retinc dos-cents versos d'Horaci, que tradueixo Virgili amb l'ajut (em fa vergonya de confessar-ho) del diccionari! Tanmateix, i aquesta és la meva única excusa, jo no penso pas ingressar a la Universitat.

Entre Clàudia i jo ha esclatat una competició a mort, i l'he vençuda. Torno a ser la primera a la classe, i Maria de Llodio només em mira a mi. «Estic contenta de tu, estimada.» Clàudia està pàl·lida de tanta enveja i somriu deliciosament. Al jardí hem esfullat la primera rosa i ens lliurem a la puerilitat del *materile*. Isabel i Manuela passegen a part, molt serioses. «Què és més important, la Universitat o la primavera?» Els he fet la pregunta, i elles s'han aturat per entendre-la, greus i distants, i em somriuen molt protectores. No han respost i han tornat a passejar. Jo sé per endavant la contestació de Maria de Llodio i la d'Emili, de Tarzan, de Joana i fins i tot la de Clàudia i la dels enemics de l'ànima. Isabel i Manuela m'han fet molta llàstima. Des d'ara ja dubto de la importància de la Universitat. No es mereix, de segur, que se li sacrifiqui cap primavera.

Les companyes formen rotlle i parlotegen excitades. L'estiu s'apropa, i arriba l'hora de treure les il·lusions polsoses de la caixa dels somnis. El jardí dansarà aviat dins un cercle de roses romàntiques. Les companyes evoquen en veu alta l'estiueig futur i el desitgen i l'imaginen com els passats, no s'escolten i parlen alhora. Jo també conec per endavant el meu, sense sorpreses possibles. Prades de Galícia, esquelleria de vaques, paisatge de vinyes i *hórreos*. Aniré a ofrenar el meu somriure al somriure de pedra de Daniel, m'ajauré després sota la pomera roja, i Totó i Emili vetllaran al meu costat. Estic trista: no estarà amb mi Maria de Llodio.

La mare Maria de Llodio ha comentat el salm *Noli aemulari* i ha citat la traducció del seu predilecte Marot:

> *Remets en Dieu et toy et ton affaire.*
> *En luy te fie.*

Confio en Ell. ¿És lícit, però, de confiar-li el meu assumpte? No he de pledejar, de dur-lo a terme? ¿És cert que sols Ell ens justifica, i no les nostres obres, per la seva Gràcia? Serà herètica la mare Maria de Llodio? Crec recordar que Marot va abraçar la Reforma. ¿És permès de llegir els salms de David en la versió de Marot? Sigui el que es vulgui, em penso que no puc encomanar a Déu el meu negoci: Maria de Llodio.

Hem viscut unes hores intenses i terribles. Noves alarmants han circulat per tot el col·legi: sembla que ha d'esclatar una revolta extremista. Cap a la tarda, l'atmosfera s'ha anat espesseint i es fa enxubada, irrespirable. Tempesta dels elements, preludi de torb. Les roses s'han marcit, tot just poncelles. Hem passat la tarda rera els vidres, atentes a la pluja i al nostre esglai. Ja fosc, el col·legi s'ha emplenat de veus masculines, les dels nostres defensors d'aquesta nit, familiars de companyes i de monges. Ells es queden a baix, i nosaltres tenim ordres de no moure'ns dels estatges superiors, però la nostra por és tan gran i inconcreta, que interrompem les pregàries salvadores i ens atansem a mirar-los, amb permís de la mare vigilant, pel forat de l'escala. La reverenda comunitat va i ve i s'afanya per atendre'ls, molt frisosa, amb un remolí d'exclamacions inútils i de roba sobrera. Els nostres àngels guardians, allí, d'un aspecte poc esportiu, una mica espantats, tanmateix. Sostenen, els pobres, les armes amb una repugnància ben humana. Ens sentim maternals, ens riem d'ells i ens en tornem, decebudes i no tan nervioses, a prosseguir el nostre missatge de confiança, en cartetes d'oració, a l'Altíssim.

A les deu, *mère* Anacharsis, la superiora, ens ha dirigit la paraula: «*Ah, mes fillettes, mes pauvres petites!*» Ha lloat en la seva prèdica la misericòrdia de Déu Totpoderós i ens ha invitat a posar-nos catòlicament a les seves mans i a encomanar-nos a Maria Intercessora. Passi el que passi, que no trontolli, però, la nostra confiança en la Justícia Divina, *«car les malins seront fauchez comme foin en peu d'heures»*. ¿Ha dit això *mère* Anacharsis, m'ho ha suggerit Maria de Llodio o ho he llegit a Clément Marot? Sobre unas runes fumejants, sembrades de cadàvers de monges violades, el sol de la Divina Justícia s'acarnissarà en el perdó d'uns pecadors sinistres. La matèria torna a la matèria, i del fet no queden sinó unes llàgrimes a data fixa, la pietat oficial d'unes paraules. *«Ah, mes fillettes, mes petites»*, continua exclamant-se *mère* Anacharsis. I es desmaia en els braços de germanes estimades. El nostre general familiar (un senyor ja vellet que m'ha recordat Totó) opina que hauríem d'abandonar l'edifici i distribuir-nos per les cases amigues. Acollim amb esvalot la nova, que no arriba a realitzar-se per una mínima votació contrària d'una part del consell de defensa. Ens hem d'acomiadar de la nostra aventura i anem al llit dejorn, com cada dia. La cursa del meu cor m'eixorda. Llisquen les hores, la una, les dues, molt lentes. Quanta estona deu fer que sóc al llit? Cinc hores, sis hores? Les tres. Un tret llunyà, un tro formidable, una veu s'encomana a les ànimes. No passa res.

He rebut una carta de Totó. Feia temps que no sabia res d'ell, ni tan sols on parava, i m'escriu des de Vaduz, on passa temporada amb el seu amic, el sobirà de

Liechtenstein. El príncep és un Nimrod i emprèn ben sovint, amb el pobre Totó, fantàstiques caminades darrera els ramats salvatges, cap als cims, dalt de la boira. «El príncep és fornit i només s'interessa per la salut i pel present de l'aire lliure. Respira a ple pulmó, roig com el fruit de les pomeres de la vall, i aleshores jo l'odio. Ja sóc vell, estimada, i em seria plaent de passar els pocs anys que em queden en una conversa al voltant d'una taula de te. Parlaria de tot, amb preferència dels amors decadents. Bonic tema per a un cap blanc, Carlota, l'únic tema de què no tinc experiència. És tan limitat el nombre de temes per a un vell feixuc d'experiència! Aquesta maleïda paraula és un plom que ens cau constantment de la boca i malmet tota la gràcia possible d'una anècdota bella. Beneïts vosaltres, els joves, que no heu viscut gens i podeu parlar gairebé de tot, fins dels amors decadents, perquè no teniu en absolut res a dir. Estigues tranquil·la: em caldria tan sols un somriure de fingida atenció que animés una mica el meu monòleg. No exigiria que m'escoltessis, i menys quan divagués sobre els amors decadents. Per a mi la innocència és sagrada, perquè és decorativa i inútil. Et pregaria, però, d'estilitzar el possible la teva. Innocència tipus *Dafnis i Cloe,* estimada, no "Patxot". Però tant se val, perquè això s'acaba, Carlota, això s'acaba, encara que deixo els comentaris sobre la salut per a les dissertacions de Franz Liechtenstein. Avui abandono per sempre més el castell, la vall de pomes i les caceres.»

Em diu també a la carta que m'ha de venir a buscar aviat. «No oblido que és el teu últim any de col·legi. Ja no ens separarem mai més, petita dona. No sóc l'únic que se n'alegra, sospito.»

Hem passat la primavera veient com la pluja podria les roses. Totes han mort sense descloure's, sense escampar pel jardí la seva olor voluptuosa i mística. No es podran esfullar sota la misericòrdia dels ulls de Maria. Rosers de maig sota la pluja. La veu de Maria de Llodio cantava a la capella la tristesa de la Verge sola a l'altar, sense roses. Totes seiem plenes de tedi, descoratjades. Repassem la divisió de les fanerògames. De tant en tant, ens distreu una cursa de degotims als vidres. De sobte ens hem mirat, molt pàl·lides. Ara moria al jardí la poncella darrera.

L'elefant dels somnis coixeja de dolor, de suportar tanta pluja. M'ha recordat la benaurada Mater Doktor Nipkopf, i he dit, mentre besava Tarzan-Emili, un parenostre per l'etern descans de la tràgica admiradora ortodoxa d'Immanuel Kant. Maria de Llodio ha aparegut al seu moment. Venia molt xopa, i Tarzan-Emili l'ha contemplada per primer cop amb desplaer. Jo la volia acaronar, i els braços em fugien vers Tarzan-Emili. Als llindars del desert, els enemics de l'ànima rosegaven esquelets de poncelles podrides, roses en potència, mortes. Franz Liechtenstein perseguia un isard per la carena. Totó prenia te i dissertava sobre els amors decadents, protegit per sentències absolutòries dels pares de l'Església. Al fons, un teló macabre de convents incendiats sota un oratge d'anemones.

Estimo més que mai Maria de Llodio. És tan dissortada! L'estimo una mica protectorament, com una germana gran, i donaria la meva vida per veure-la feliç. «No ho seré mai, Carlota.» Repasso les escenes de la seva confidència. El pare, catòlic, dur, d'una conducta ben poc exemplar. La mare, decebuda, burlada, lliurada a rígides pràctiques de pietat calvinista. La infantesa de Maria escolant-se entre ombres, la mort sobtada de la mare, el xiscle esgarrifós d'una vella serventa en veure un o dos diables rondant el cos estimat, el dubte del sacerdot sobre les possibilitats de salvament de la morta. Caldrà pregar molt per ella, i Maria fa el sacrifici de la seva vida, per complir un sagrat deure, i professa sense vocació, instigada pel pare, que sempre l'ha considerada com una nosa. Després, les temptacions, la lluita: ella no s'ha abeurat en va en una deu calvinista. Maria de Llodio recita amb ànim catòlic els salms penitenciaris de Marot i pensa amb esperit protestant en la justificació eterna. Confidència poètica d'un dia de pluja. Maria de Llodio em fa molta llàstima, i l'estimo més que mai.

«Ja no ens separarem mai més, petita dona. No sóc l'únic que se n'alegra, sospito.» D'ençà que les vaig llegir, sempre trobo aquestes paraules en la memòria. «No sóc l'únic que se n'alegra, sospito.» Jo també, naturalment. I enrogeixo. Prades de Galícia, esquelleria remota entre les pomeres. Daniel de pedra accepta l'ofrena del meu somriure, Totó i Emili vetllen la pau del meu somni. Emili. «Ja no ens separarem mai més, petita dona.»

Ni l'all, administrat a grans dosis, ni les fregues, ni cap altra terapèutica no han pogut alleugerir el nostre heroic elefant del dolor d'haver aguantat tanta pluja. L'hem hagut de llicenciar i no trobem en tota la selva cap altre elefant de recanvi. Tarzan ha d'estar amatent als perills de la jungla i no té temps de besar-me. Maria de Llodio ha sortit al nostre encontre, i Tarzan ha avivat el pas. Maria de Llodio ens encalça, ens ha aconseguit i ara es disputa amb Tarzan la presa comuna: jo. Una baralla horrorosa. Vaig i vinc, per calmar-los. «Us estimo tots dos amb el mateix amor.» Però Tarzan té més raó, i no cal dir que també més força, i crec que és el meu deure de quedar-me al seu costat. De sobte, les dues imatges s'esborren, perden límits i es fonen en una. Ets Tarzan, Maria de Llodio? ¿Ets Maria de Llodio, Tarzan? Voldria que em tornessin tots dos el meu Emili i repeteixo d'esma el compromès possessiu, mentre als llindars del desert els enemics de l'ànima dansaven amb molta gatzara.

El sol ha sortit, després de tant de temps, i passegem pel jardí devastat. Les més petites es lliuren a la innocència del *materile*, una innocència ben del tipus «Patxot». Parlem dels exàmens propers. Joana està desmoralitzada i riu, histèrica, com sempre ho fa en arribar aquesta època. Abans d'un mes serà la prova «terrible» i de seguida la clausura del curs. L'any vinent, Isabel i Manuela ja hauran ingressat a la Universitat i no riuran a la primavera. Clàudia encara seguirà al col·legi, entretinguda amb la deliciosa enveja a la seva pròpia ombra. Però jo no hi seré per perdonar-la i aplaudir-la, perquè «ja no ens separarem mai més, petita dona».

«Em tens avorrida, Carlota, ja no m'estimes.» Ho ha dit amb un desesper resignat. «Quan surtis d'aquesta casa, no recordaràs mai més la teva pobra professora de Literatura.» He quedat molt confosa. No t'oblidaré mai, mai, Maria de Llodio! Per què dius això? Com em turmentes i ens turmentem, estimada mare! Tinc els ulls plens de llàgrimes i no puc mirar-la, li prenc una mà. «Parla'm d'Emili.» No podria dir ni una paraula. La pell em crema a la cara, febrejo. «L'estimes molt, oi?» Hi ha en el seu to un accent morbós. Callem. «Déu meu, Déu meu», diu a la fi Maria de Llodio. «¿Pesaran les nostres obres, els nostres precs, els nostres pensaments, els nostres amors, a les balances del teu diví judici?» Estic neguitosa. Obro a l'atzar el llibre de Marot. Salm XCI. *«Qui habitat in adjutorio Altissimi.»* Llegeixo:

Qui en la garde du haut Dieu
à jamais se retire,
en ombre bonne et en fort lieu
retiré se peut dire.

Maria de Llodio plora. Segueixo:

Conclu donc en l'entendement,
Dieu est ma garde seure,
ma haute tour et fondement
sur lequel je m'asseure.

Represa de Maria de Llodio:

Car du subtil laq des chasseurs
et de toute l'outrance
de pestiferés oppresseurs
te donra delivrance.

Deixo el llibre. Ens sentim amarades de tendresa i molt dissortades. Maria de Llodio abandona les mans entre les meves. De sobte, ens ha passat una cosa estranya i terrible: ens hem trobat, sense saber com, abraçades, i jo besava apassionadament els llavis de Maria de Llodio. *«Charles, chéri»*, ha dit la mare. Jo no he dit res, però pensava en Emili i oprimia el cos de Maria de Llodio com si fos el meu i com si jo fos Emili. M'he sentit defallir. Ens hem separat, avergonyides.

Tarzan ja no és Tarzan, sinó Emili. Ha acabat la carrera d'enginyer, és el meu marit i regenta una explotació agrícola, situada en una clariana immensa, al cor de la jungla. «Guanyaràs el pa amb suor.» Emili treballa des de la sortida del sol fins a la posta i no li queda gens de temps per acompanyar-me. És veritat que jo també tinc molta feina. «Pariràs amb dolor.» Ha nascut el meu primer fill. Té unes manetes grasses i sembla un petit ídol asiàtic. Franz Liechtenstein va ser el seu padrí de baptisme i va regalar amb aquest motiu una dotzena d'isards dissecats, unes peces caçades per ell, unes peces que varen arribar dintre unes grans caixes i voltats, tots els animals, de pomes, perquè no s'arnessin. El meu fill serà l'hereu de la corona de Vaduz, una coroneta tan modesta com tranquil·la, podrà practicar l'alpinisme i tindrà salut. Que Totó em perdoni, però sóc una mare burgesa i crec que aquest és l'únic gran tema. Tanmateix, no vull escandalitzar Totó. Que no m'escolti i que prossegueixi divagant a l'amor del foc sobre els amors decadents. No n'hi ha al nostre bungalou, tot és honrat i respectable a les nostres vides, no tenim temps per als amors decadents. Totó se'n riu, li dic que es porta com un vell sense experiència, i ell m'agraeix el compliment. No el podré mai entendre, sóc una dona casada. Totó em pregunta per Maria de Llodio, i això queda lluny, molt lluny. Maria de Llodio va sortir de l'orde, acusada d'heretgia, i es va casar també, al cap de poc, amb Charles, el seu primer i únic amor. I ara que Totó se'n vagi a dormir, que és tard, i haurà de sortir demà, a punta d'alba, de cacera, amb Franz Liechtenstein. Apago el llum. Al nostre bungalou tot reposa. Els enemics de l'ànima ja no se'ns apareixen. Sols ronden de tant en tant, a fora i amb molta timidesa, els adverbis en «ment».

Estic trasbalsada. Clàudia ha descobert el meu secret, s'ha apoderat del quadern de memòries i ha promogut un escàndol i, de retop, segons com ho qualifiquen, una gran vergonya. Clàudia m'ha vingut a parlar. «He complert amb el meu deure, Carlota.» No he tingut forces (ni ganes) per insultar-la, per barallar-m'hi. Em mirava amb timidesa. «No saps com t'admiro, Carlota, i com m'agradaria d'escriure com tu.» Malgrat la nostra situació, he estat sensible a l'afalac i no la podria odiar, per les seves mans tan pàl·lides, tan senyores. Què m'ha fet, ben mirat? Sortiré expulsada del col·legi, és cert, perquè *mère* Anacharsis no transigirà. Al capdavall, quinze dies de més o de menys no signifiquen res, i m'estalviaré les molèsties dels exàmens. A pesar del meu trasbals, procuro de mantenir-me tranquil·la. Ara que tot és descobert, podré escriure fins a la fi, amb una plena llibertat, sense amagar-me. Havent perdut, en l'estricta presó de *mère* Anacharsis, el quadern de memòries (em reca de no haver-lo més, d'aquesta pèrdua emmenada a una beneita destrucció), he d'aprofitar les llibretes escolars. Sempre tan insulses, vet aquí com a les darreries em prestaran un atractiu i saborós servei.

Mère Anacharsis m'ha fet cridar i m'ha parlat sota el Crist, molt severa. Ha estat imponent de blasmes i de citacions: sant Agustí, sant Joan Berchmans, sant Francesc de Sales. Ha parlat de l'infern i de la puresa, ha adduït el Crist com a testimoni de l'eloqüència de la seva prèdica i m'ha manat d'encomanar-me a la Verge. Jo he plorat fins on m'ha permès la inflor dels ulls, he representat el meu paper de vergonya i de penediment a consciència, i *mère* Anacharsis ha quedat satisfeta. M'ha dit, en donar-me llicència de sortir del despatx august, que avisaran amb tota la urgència el meu avi, perquè jo no podré continuar, ni unes quantes hores més, al col·legi.

Totes em miren i defugen la meva companyia, com si fos empestada, però tant me fa, que malparlin. «*Gran rimedio della maldicenza, appunto come delle afflizioni d'animo, è il tempo... Passato poco tempo, la materia divenendo trita, i maledici l'abbandonano, per cercare delle più recenti...»* Adéu, jardí de roses místiques presidit per la palmera desmaiada. Només em reca deixar-lo i no poder saludar per últim cop Maria de Llodio. Fa dies que ningú no la veu. Diuen que surt de l'orde.

El meu avi és amb la superiora i m'està esperant. En veure'm, m'ha abraçat amb la tendresa de sempre. Jo, que temia la possibilitat d'un reny, he respirat, tranquil·litzada. «Què has après, Carlota?» «La divisió de les fanerògames, Totó.» «Ah, molt bé, coses inútils, per fortuna.» Riem. «¿No t'han pas ensenyat a cuinar i a cosir, Carlota?» «No, Totó, t'ho ben prometo.» El meu avi ha besat aleshores la mà de *mère* Anacharsis a l'antiga manera cortesana. Gran estil, el del meu avi. «Us dono les gràcies, senyora, per totes les bondats que heu tingut amb la meva néta.» «Oh, *Monsieur le Duc!»*, diu *mère* Anacharsis. Sortim. Ja a fora, l'avi afegeix: «¿Saps que escrius força bé, filleta?» «Sí, Totó?», dic jo, molt contenta. «Sí, i et juro que no parlaré dels amors decadents. I mira, no em diguis més "Totó". Una escriptora com tu té el deure de no dir coses que, encara que inútils, són unes perfectes bestieses.»

No n'hi haurà més, avi. Ni «Totó» ni els adverbis en «ment». Ni suggeriments automàtics de noms oblidats, ni vacil·lacions d'esma (tallades a l'acte per punts suspensius, que detesto). Res, ni tampoc interrogants ni admiratius, tan contraris també, en principi, al meu intuïtiu i fins al meu reflexiu gust o criteri d'escriptora, no retardarà l'expressió del meu sentiment veritable.

Oferiré la meva rialla al somriure de pedra de Daniel. Prades de Galícia, esquelleria harmoniosa sota les pomeres altes. M'ajauré a l'herba flonja i navegaré alhora dalt del llom de l'elefant, ja refet del dolor de suportar tanta pluja, per les mars espesses dels baobabs del somni. Maria de... Emili vetllarà al meu costat.

L'amable anècdota escolar arriba aquí al seu terme, i una nova vida comença per a Carlota. El nostre compromís és acabat.

Barcelona, 5-8 de novembre de 1934.
Revisada pel maig de 1959, pel juliol de 1962,
pel maig de 1964 i per l'octubre de 1978.

De *Les roques i el mar, el blau*

SENZILL PROEMI D'ARÍSTOCLES

«Em dic Arístocles, però no sóc, és evident, Plató», va començar el vell. «Encara que no sàpiguen si algú m'escolta, em manen de parlar. Qui m'ho ordena i em belluga alhora, com un titella, és un home també vell que fa cinquanta anys que aprèn a escriure en català, aquesta petita llengua inconeguda, que alguns designen baleàric, d'altres valencià i els inefables esperits ingenus i conciliadors bacavà o bacavès. El titellaire proposa rosalbacavà, que sona a nom i cognom d'una exvedet de varietats.

»El titellaire és tan negat, i altrament la dama se cenyeix amb una cotilla tan encarcarada, per sostenir la decadent bellesa, que el provecte admirador no li ha arribat a la que somnia, il·lús, suavíssima pell. Però és d'una banda tossut i, de l'altra, del tot inepte per a qualsevol altre feinós encanteri. Persisteix, doncs, en aquesta afecció, que no se li esvanirà fins que li tanquin per sempre els ulls. Molts pedagogs han procurat de dissuadir-lo i l'han amonestat perquè no continuï, perquè s'adoni d'un cop que la finestra només és verda. Però el titellaire, que no ha entrebancat ni entrebancarà mai el camí de ningú, vol aclarir el que s'amaga dintre el dibuix del cossatge de l'experta i madura excantatriu i ballarina. Fins avui tan sols ha palpat un petit nombre de barnilles, entre el copiosíssim de la fèrria i ampla faixa.

»I n'ofereix el tacte d'unes quantes làmines de l'embalum –d'entre les conjecturades, com és obvi– en cent curtes proses, inclòs el meu parlament, sobre alguns mites grecs i els seus entorns. A l'origen comentaris a dibuixos de diversos artistes, si les escolteu o llegiu, en un brevíssim llibre, tal volta us distrauran un moment dels vostres personals i intricats problemes i dels gravíssims del país i del món. En sortir d'escena, us previnc amb recança que jo no seré l'únic que s'encarregarà de conversar amb vosaltres. I sense exactitud us recordo, perquè el tema em ve com l'anell al dit, que Apol·lo no corba i tiba el seu arc a totes hores.»

PROMETEU

«Vés amb compte amb el martell, que tinc les mans delicades», advertia, només amb el pensament, el Tità al seu amic botxí. «El foc que vas robar te les hauria d'haver cremades», li contestaven, endevinant-ho, els guardes de l'execució de la duríssima sentència. «I tot per afavorir els homes, immunds, impurs, insolents, tan perillosos.» Hefaistos va acabar la lligada de l'enorme còrpora i va encadenar estretament el càndid altruista en una alta roca d'un massís muntanyós. «Ara, a divertir-te en la teva esclavitud, en l'airejosa presó que durarà mil·lenaris. Per nosaltres, t'hi passaries tota l'eternitat, però sembla que a la fi un heroi t'alliberarà», comentaven, malagradosos, Poder i Força. I tots dos, junt amb Hefaistos, deixaven el culpable. Cada matí, una àguila planava damunt el reu, s'abatia després sobre el malaurat i li rosegava el fetge. Aquest se cicatritzava de pressa i estava sencer i a punt per a la continuació del suplici, que recomençava l'endemà. «Quin joc més fastigós!», judicava l'ocell. «Valdria més que una adequada cirrosi et malmetés l'entranya d'un cop.» La víctima li donava la raó i proferia sense pausa orgulloses jactàncies contra l'amo del llamp. De tant en tant, unes quantes Oceànides venien a compadir-lo i l'acompanyaven amb els seus planys. Com que l'escena es reproduïa al llarg de les centúries, algunes de les joves més impacients o més imaginatives se'n cansaven una mica i dissimulaven, discretes, algun badall. Quan les noies visitaven el gran científic, duien tanmateix amb elles, com un sedant cobertor, la clemència d'un cel serè, sense vent, sense cap núvol.

LEDA

«El qui senyorejava en els cims, en un dels seus innombrables passeigs per la terra, es va encapritxar amb Leda, que acabava de contraure un avantatjós matrimoni», encetava Pulcre Trompel·li. «No cap dubtar del gust del viatger: la dona era bellíssima. *Mais elle était bête comme une oie*», va somriure el narrador. «El caminant, que se'n va adonar de seguida, se li presentava sota la forma d'un cigne magnífic, la va atabalar amb aleteigs i curvatures de coll estratègics, la seduïa i la va fecundar.» «No entenc com varen resoldre el nus del problema», esmentava, crítica, la senyora Magdalena Blasi. «Es diu que, en el punt just, ella va prendre també un aspecte palmípede», transigia Pulcre. «En el dibuix no noto que ho encarrilessin així ni hi endevino cap provatura ni vestigi d'assaig», va observar la senyora Magdalena Blasi. «No, és cert. Aleshores la història fóra, però, inintel·ligible», concedia Pulcre. «Bé, al seu temps, Leda va pondre un o dos ous», continuava l'erudit. «I aquí la llegenda es comença a complicar.» «Quines aberracions!», el va interrompre la meva àvia. «No sé com nostre Senyor permetia o permet aquestes coses.» «Que Déu el faci bo», apuntalava la Ignasieta. «Oh, si s'assabentaven dels munts i munts d'estampes i publicacions daneses i alemanyes que les manipulen!», ensalivava Pulcre. «Sí? Doncs encarregui-me'n unes quantes», va decidir la senyora Magdalena Blasi, d'una màniga molt ampla. «Fullejar sants sempre m'ha distret.» «El vell llibre de Pellegrini em basta», va rondinar l'honest doctor Robuster i Tramusset, en el seu ocàs professional, ja sense cap mena de curiositat científica.

DAFNE

És un arbre que s'està canviant en noia o és una noia que s'està transformant en arbre? La darrera és –tal vegada no caldria dir-ho– la suposició correcta, i no ens en podem alegrar ni entristir. Assistim, només com a espectadors desinteressats, a la metamorfosi. Al seu començament hi ha una superbiosa i agra disputa, dos dards d'efectes contraris, l'un d'or, de punta molt afilada, l'altre de plom, de punta roma, però tots dos eficaços. Segueixen curses i súpliques d'amor, que són desateses. La noia, quan es veu molt de prop perseguida, demana, potser perquè la fatiga la venç, que la deixin reposar en una arrelada, oculta, estranya, inquietadora bellesa d'arbre. El prec és escoltat. La fugitiva és ja llorer. Uns braços decebuts, en cenyir-lo, senten palpitar encara, ben endins de l'escorça, els últims batecs d'un cor molt cansat. Després, el silenci, la solitud, una quieta pau que l'aire acariciarà. Si de tant en tant la violència del vent tempestuós hi arriba, arrossega sempre amb ell l'aigua de la pluja. Just la que cal per al manteniment esvelt de la nova vida.

PARIS

«Amb aquesta cara de vet-ho aquí, és evident que l'havien de triar com a jutge en el famós i escandalós judici», va comentar la senyora Magdalena Blasi. «L'una en va sortir guanyadora, i les altres dues no varen pair l'afront, és lògic.» «Doncs com ho havia de resoldre?», s'interessava Pulcre Trompel·li. «O refusant-se en rodó a intervenir en l'assumpte o empassant-se de seguida, no pas xau-xau, el fruit, a risc d'ennuegar-se o d'escanyar-se, perquè em balla pel cap que la poma era d'or.» «D'or? No em faci riure. Pintada de purpurina i gràcies, que aquests trucs són de teatre, i tot el món és teatre», va replicar, calderoniana sense adonar-se'n, la senyora Magdalena Blasi. «I què vol que li digui: aquesta que veig tira més aviat, per la forma, a pebrot, i no em plauria de semblar xarona. Si per equivocació ho era, la victoriosa també en quedaria escarmentada. Si era, però, el que asseguren, m'agradaria, ja que hi sóc força entesa, d'examinar l'arbre que produïa uns exemplars tan dolents.» «De quines resultes van cremar els convents», es va mig esparpillar d'esma, la meva àvia, des de la seva eterna becaina. «No repapiegis, Calamanda, que ara la citació no venia a tomb», la va renyar l'amiga. «Magdalena, a les nostres altures –va somriure la meva àvia– cap diferència no hem de discernir, en les converses, entre bons i dolents, entre convents i bordells. Sols una boca desdentegada ens parla de debò i a riallades, tant si vetllem com si dormim.»

LES TRES GRÀCIES

«Són amables, benèvoles, brillants. Es diu que alegren –ah!– el cor i que fan créixer i florir les plantes. Pulcre Trompel·li en coneix nou, però els atenencs, estalviadors, les varen reduir a tres, els noms de les quals callo, com és el meu costum, quan ho puc evitar en referir-me a les figures que esmento al llarg d'aquests comentaris. Heus-les aquí. Boniques, oi? Com que assisteixen d'habitud a un quotidià, minuciosíssim agençament corporal molt il·lustre, i en el seu llarg transcurs es parla sense aturador ni decència de tot i de tothom, les suposem molt ben proveïdes de notícies. N'apleguen tantes, almenys, com n'arreplegava la Conxita Pentinadora, quan baixava del cementiri de Sinera i feia un profitós tomb per la vila, abans d'encaminar-se a estireganyar de bona hora els escassos cabells de la senyora Maria Castelló i a contribuir, amb el seu honest ofici, a refrescar una memòria meravellosa i mantenir al dia una prodigiosa informació. Les noies, de retorn al repòs del prat i a l'ombra dels arbres, estan sempre disposades a agafar-se de mans i a ballar la sardana, que és la dansa més bella...» «No, això no, pari, calli, no la suporto. Xisclaré», em va interrompre de sobte, sense consideració als meus delicats sentiments patriòtics, la pobreta, herètica, nerviosa secretària Teresiana Cacao.

UNA NIMFA

A trenc d'alba, la joveneta s'ha llevat de l'herba estesa dins la cova, ha begut un glop de l'aigua gelada de la seva font i s'ha dirigit, per camins magnífics, a través del bosc de roures i d'alzines, al riu proper. Hi entra fins als genolls i s'hi emmiralla. Atansa, potser d'esma, la mà esquerra a la fulla més baixa de l'últim arbre, ran mateix de la riba. Cap veu no l'ha d'advertir de perills, cap eco no l'espantarà. Ningú, sinó ella, no contemplarà la seva nuesa. Tot el matí i tota la tarda jugarà amb la seva imatge, fins que el vespre davalli dels cims, i l'adolescent retornarà aleshores al recer de la frescor del seu jaç. Demà serà com avui, i així tota la renglera de clarors, d'una pau perfecta. Un cop vençuda la nostra enveja, com ho suportaríem? Per sort, no som immortals. En la noia, que ho és, la memòria de cada dia s'esvaneix amb ell. Un feble batre d'ales, el brunzit amic d'un eixam, una flor en esclatar l'entretenen. I per sempre ignorarà tant l'esglai de la fugida del temps com el pes del tedi, l'aversió a una feixuguesa parada i buida que els esperits senzills, les ànimes candoroses, anomenen felicitat.

ORFEU

No dubtem pas que estimaves la teva dona, però estem segurs que preferies el teu art. Quan un serpent la va matar, els teus cants harmoniosos l'evocaven tant i tan bé, que tothom et constrenyia a davallar al regne de les ombres, a treure-la d'allí i consolar-te. El viatge no t'agradava, però l'afecte reprovador dels altres, que no s'hi jugaven res, et va obligar a emprendre a contracor el basardós camí. Vas vèncer tots els obstacles i a la fi obtenies, després d'oblidar-te de tot en la pròpia delícia d'una cançó meravellosa, que la teva companya et fos retornada, sota la condició de no mirar-la fins a arribar a la llum. Si no complies el precepte, la dona se t'esvaniria per sempre més. Pujàveu cap a la claror. Tu anaves davant, la pàl·lida rescatada et seguia. Com que el pensament és lliure, tu et preguntaves: «Quin aspecte tindrà? La seva bellesa em complaurà com abans? Una dona que ha passat per la lliçó subtilitzadora de la mort no agostarà o malmetrà l'extrema perfecció del meu art?» Aquestes proposicions et burxaven tant, que no les vares poder suportar. Molt a prop de la boca de l'antre, quan començaves a distingir el teu instrument en la foscor, et vas tombar amb una freda deliberació a esguardar la deslliurada. Ja no hi era. Aleshores inflaves, molt content, el pit i encetaves un nou cant amb la veu més trista del teu extens registre: *«Che farò senza Euridice, che farò senza il mio ben»*.

PENÈLOPE

Després de tornar-se a conèixer i de dormir, marit i muller, quan el palau era fosc i en silenci, varen conversar. L'un i l'altra trobaven difícil de resumir en unes quantes hores el que havien passat, i sobretot el que havien pensat, durant aquells últims vint anys, i més potser el viatger, que tant havia navegat, naufragat i vist. Tal vegada, perquè a la dona, sense moure's de casa, li havia vagat de teixir, desteixir i cavil·lar. Prudents i sagaços, sabien el punt dolç del que convenia que es contessin, del que importava de callar i del que els abellia d'oblidar. Acabada la prova del llit, ella se li havia ofert, submisa i sàviament quasi nua sota la llum vacil·lant de les teies, perquè havia après la lliçó del temps i el lloc comú que no transcorre en va, a desgrat de la protecció embellidora de la deessa d'ulls d'òliba, de la qual temia que no l'afavorís amb un bri de gelosíssim humor. Quant a ell, el fum no li havia entelat la mirada, però compliria, coratjós, el seu deure, avui i demà i en l'esdevenidor més allunyat, mentre li fos possible. No podia tanmateix esborrar totalment comparances, en primer terme el d'una joveneta, que es guardaria prou d'esmentar mai a la fidel companya. Aquesta i l'home, per fortuna tots dos amb un gran sentit de l'estalvi, s'avenien en el llarg plany i en els comptes de les enormes despeses ocasionades pels pretendents, mentre arribava a la fi la claror de l'alba, i el feliç matrimoni emmudia per destriar, entre els primers cants dels ocells just desvetllats, els avisos plens de seny d'una rara oreneta.

UN SACERDOT

«Abans de procedir a la incineració del cadàver, com es torna a estilar, recordem amb breus paraules el difunt», començava sense convicció el sacerdot. «Tots passarem per aquest tràngol, ja se sap, però sempre és força amarg», continuava l'eclesiàstic, que patia, sense haver-ne encara un lúcid esment, de càncer de pàncrees: a tot estirar, en un parell de mesos, llest. «Va treballar, però no va omplir cap bossa. No va gastar mai gaire salut. Procurava de dir a tothom la veritat. No li'n feien ni un bri de cas, com és natural, perquè és de boigs presumptuosos el trencacolls d'esbrinar què és la veritat i comunicar-ne les resultes. Va cultivar la poesia. Asseguren que va ser un mal poeta o que ni va arribar a poeta. Jo, en aquest punt, no opino, perquè no llegeixo versos, ni aquells de la pàgina en blanc, amb algunes ratlles i unes quantes lletres en un bocí de racó, pels quals, si els encetava, sospito que se'm desvetllaria una rara estima. En resum, ens hem referit a algú que exhibia, tant si venia a tomb com si no hi venia, i mai no hi ve, el luxe d'un cert desdeny per les ideologies closes», va traduir l'orador sagrat el seu íntim concepte del que és un idiota, per a la més fàcil incomprensió dels escassos assistents. «Preguem per ell.» «Per què?», escorcollava la senyora Magdalena Blasi. «Mai no he engolit, i em reca, el consolador adobacossis del mig. Si bascula enlaire, perquè era prou beneit per raure-hi, no cal. I si és a la timba, tampoc. Altrament, mort a Lavínia, si és a la tàvega, ni ho haurà notat. O tal vegada sí, perquè hi guanyarà en pau i fins en fresca. Hi respirarà més bé.» El sacerdot emmudia i es girava d'esquena als laics. «Ai ai. No continua?», escatainava la senyora Marigó. «Curt, massa. Al capdavall se li paga per entretenir-nos una mica. Poc, però algú li deurà gratificar el servei.» «Salom no tenia ni família», va indicar la senyora Magdalena Blasi. «Així es comprèn que tallés, si actua de franc», s'enriolava la senyora Marigó. «Però aleshores sobraven les excessives gesticulacions prèvies.» «D'esma, d'ofici», contestava, lacònica, la senyora Magdalena Blasi. «Fixa't en la casulla, gramalla, dalmàtica o el que sigui», assenyalava la senyora Marigó. «Estranya, oi?» «Avui no hi ha res d'estrany. I he oblidat, a més, la designació del temple on som. I tu desmemorieges. Potser pertany a una altra religió», meditava la senyora Magdalena Blasi. «A la de Salom? I quina era la de Salom?», indagava la senyora Marigó, sense un veritable interès, per allargassar la rosegada de la vacuïtat de l'estona. «Encara que tots creiem o hem cregut en un jueu o un altre. Els penúltims joves, en indis o xinesos. Els més badocs i tendres, en hispanoamericans. La moda, tanmateix, no ens arreplegarà, tan tardana per a nosaltres.» La senyora Magdalena

Blasi no va respondre. Els del modern baiard rodat funerari sortien amb el taüt, i rera cap dol. El sacerdot es retirava. Els llums s'apagaven. La solemne cerimònia havia acabat.

D'*Els contes de «Les ombres»*

TRES SORORES

La senyora Magdalena Blasi era l'única a visitar encara les germanes Ginebredes. Quatre o cinc vegades l'any anava al pis humilíssim del carrer de la Llanterna, prop de la plaça del Sol, «a fer una estona de companyia a aquelles desgraciades». Morta la Madrona, la petita, molt de temps enrera, les Ginebredes eren ara dues, l'Amèlia i l'Elpídia, l'última sempre malalta. La senyora Blasi acostumava a dir, rient fort, que l'estranyesa del nom en tenia la culpa. Les germanes acollien l'acudit, vell com la seva autora, amb un somriure equívoc de fadrines pobres, reticent, obsequiós i fi. Quan les visitava, la senyora Magdalena els regalava trossos de roba molt sargida, algun dolç farinaci, peces de vaixella escrostonada, essències barates en ampolletes de mostra, sabó escantellat i escalabornat. Les germanes Ginebredes rebien la mescla d'ofrena i d'ofensa amb benediccions barroques, escarafalloses d'agraïment, amb l'esperança d'obtenir, potser algun dia, una mica de caritat més positiva. «Si no ho voleu, m'ho tornaré a emportar: sigueu franques», deia la senyora Blasi, amb un bri d'eixutesa a la veu, advertidor del seu disgust davant algun remot refús possible. Per tranquil·litzar-la, les germanes s'apressaven a prendre-li l'objecte dels dits i asseguraven que sí que el volien, car elles ho aprofitaven tot. Avesades a viure gairebé de miracle, de la insegura llàstima del cosí Ribalta o d'Angèlica Antommarchi, que elles apuntalaven amb modestos treballs d'agulla, les Ginebredes desplegaven una intel·ligència matemàtica de primer ordre, més meritòria i sorprenent que les conegudes multiplicacions de l'Evangeli. Sobretot la més gran, l'Amèlia, perquè l'altra estava sempre malalta.

L'Elpídia era, és trist de dir-ho, tan sols un destorb, agreujat per les circumstàncies d'un món destruït per la revolució i la guerra. Les circumstàncies atuïen les Ginebredes i el fuster sense feina del pis de sobre, i també el capellà de més amunt, mossèn Silví Saperes, tan esclau d'elles com ho eren el matrimoni rellogat al darrer estatge (un jove matrimoni que esperava amb una il·lusionada angúnia el primer fill) i els altres inquilins d'aquella casa d'un barri humit de menestrals. Àdhuc el propietari, un advocat que vivia allí de les seves rendes, donava a entendre, amb una tàctica un poc errònia, que, si Déu no ho remeiava, es moriria aviat de fam. Tothom veia, però, que la seva dona s'engreixava, que s'endiumenjava amb braçalets i arracades de penyora llarga i que adquiria les millors viandes de les botigues. Tots es malfiaven també, sense raó, del capellà, a la força adepte d'un auster primitiu cristianisme, i de les Ginebredes, «aquelles senyores que anaven a missa amb mantellines de puntes bones». La llàstima era regatejada i fins negada a les germanes, pertanyents, als ulls dels veïns, a un altre braç, a un món d'opressors que seria arrasat a curt termini. L'educació rebuda en època opulenta les diferenciava dels altres llogaters i neutralitzava l'actual desemparança i l'eficàcia dels somriures i de les bones paraules que prodigaven tot el que podien, per bondat, per por i per atreure's benvolença i amics, ara que es trobaven tan soles. La memòria i els propòsits dels veïns les destinaven, tanmateix, juntament amb mossèn Silví i el propietari, al pròxim sacrifici social. Elles ho endevinaven i s'escruixien en pensar-hi, perquè estimaven la vida per damunt de tot. Eren febles i pobres, però estimaven la vida, aquella vida que abandonà la Madrona, gairebé de sobte, quan la noia tenia vint anys, trenta enrera. Les germanes parlaven amb freqüència de la morta, entre elles i amb la senyora Magdalena Blasi. «Era la més bonica de vosaltres i també la qui valia més», deia la vella senyora. «S'assemblava al vostre pare.» Les altres, humils i molestes, ho admetien sense objeccions, perquè la Madrona era morta, i totes tres aixecaven aleshores els ulls per mirar el retrat de la noia (rossa, de faccions esborradisses), penjat entre el del papà i el de la mamà. «El vostre pare era magnífic», ponderava la senyora Blasi, amb un impudor de vella. I esguardava una estona aquella cara ampla i sensual, adornada amb bigotis llarguíssims, a la manera del darrer kàiser. Males llengües insinuaven que la senyora Blasi havia estat amant del senyor Ginebreda. Les germanes ho sabien, s'ho creien i l'odiaven, però s'afanyaven a estimular els records de la vella amb somriures indulgents, molt còmplices. Els agradava d'evocar amb la senyora Blasi aquell ambient desaparegut de quan eren joves, un univers meravellós, ple d'abundància i d'alegria. El papà anava sovint a París, pels seus negocis (el nom que donava a les seves disbauxes, segons l'opinió de la senyora Magdalena Blasi), i tornava amb presents esplèndids per a l'esposa, que tant havia de perdonar, i per a les seves filles, unes adolescents avantatjades, fortes en francès i en piano. L'Amèlia i la delicada Elpídia tocaven a quatre mans el *Qui vive* o el *Mio bel amoretto,* unes composicions de moda, comprades pel papà *chez* Dotésio, interpretades amb gran estil, amb la seva agudíssima veu de tiple, per la Madrona, i corejades amb una empenta salvatge pel servei de l'escala. De tant en tant organitzaven balls i concerts familiars amb els cosins, en Quildet Nogueres i els nois Ribalta, que estudiaven a la Universitat. Les Ginebredes invitaven algunes amigues, i els cosins hi portaven companys d'una relativa bona fe, tímids, afectats d'una suor fàcil. En Carlets Ribalta cantava amb la Madrona unes lletres absurdes, amb música de la *Chanson créole* de Ketterer, o de *L'adieu* de Gustave Sange, i duos d'òpera italiana. Les Ginebredes grans executaven després la *Mandoline* de Thomé, *L'hirondelle perdue* de Hess, la *Sérénade* de Franz Hitz o *La harpe éolien-ne* de Sydney Smith. La vetllada finalitzava amb el *Vorrei morire,* que l'Estanislau Ribalta, pretuberculós (va finar en plena joventut), entonava amb força sentiment. Els aplegats dissimulaven amb polides mofes la singular esgarrifança i el llagrimeig que els encomanava «aquella cançó ridícula». Més tard, els representants del sexe fort repetien llocs comuns sobre el valor de Wagner, i les senyoretes s'ensopien una mica, fent veure que els escoltaven, fins a l'hora del berenar, un berenar d'aquells temps, presidit pels papàs, per Angèlica Antommarchi i per la senyora Magdalena Blasi. Entrat el vespre, els forasters s'acomiadaven. Ja soles, les germanes comentaven els esdeveniments de la tarda, criticaven amb una esborronadora lucidesa les amigues, examinaven amb precisió i rigor les diferencials somaticopecuniàries dels amics dels cosins i s'adormien a la matinada, projectant una nova reunió, trampolí per al sagrament del matrimoni. Certament, gràcies a aquelles festes es varen concertar moltes bodes, que l'Amèlia i l'Elpídia analitzaven amb la senyora Magdalena Blasi, quan rebien la seva visita. Gairebé totes havien resultat un pur fracàs. «I això ens consola de la nostra solteria», deien les Ginebredes. Afirmaven (sobretot l'Amèlia) que s'havien cansat de desesperançar pretendents, però la senyora Blasi judicava que ningú no havia mai pensat seriosament en elles, «perquè tothom sabia que el vostre pare no tenia sinó deutes. A peu coix hauríeu anat a casori, si algú us n'hagués dit una paraula autèntica». Les escandalitzades Ginebredes ho negaven amb energia, però en el sagrari del cor reconeixien la raó de la vella. Un temps, les tres germanes havien estimat alhora el cosí Carlets, esvelt, amb prestigis d'elegant, el qual va preferir al capdavall la Madrona. La decepció va unir les dues grans contra la petita, víctima de mil menudes crueltats, amb alternatives de petons cridaners i d'irreprotxables escenes de gelosia. De sobte, una tarda vulgar d'hivern, gairebé sense allitar-se, la Madrona es va morir. Era una noia de no gaire imaginació, que es delia per casar-se i disposar tota la vida de cotxe propi. Embellida pel desesper d'en Carlets i dels papàs. aquella desaparició prematura desvetllà penoses fiblades a les consciències de l'Amèlia i de l'Elpídia. Tots exalçaven la memòria de la Madrona, des d'aleshores convertida en el centre d'un tendre culte. Varen ser entronitzats, a totes les estances del pis familiar, retrats de la noia en transcendentals postures, d'una rigidesa poc simpàtica, i muntats al davant suports de vidre, uns altars minúsculs, amb llums d'animeta i flors artificials. El promès es va casar després amb una dona rica, s'apartà dels Ginebredes i va esdevenir a poc a poc un senyor apoplèctic, de sòlid criteri, sord. Les Ginebredes anaven ara a pidolar-li de tant en tant escorrialles de sobrances, que amollava o no, segons l'imprevisible procés de les seves digestions.

La mort de la Madrona va ser la primera de les dissorts dels Ginebredes. Va venir després la paràlisi progressiva de la mare, la seva paulatina imbecil·litat.

Des de la cadira d'invàlida, xisclava, escopia insults, sorollava la casa, com si es volgués a la fi rescabalar dels anteriors resignats silencis. Tota vida de relació es va fer impossible per als Ginebredes, i la solitud va coincidir amb l'evident ruïna de la família, que es va quedar a poc a poc, ningú no sabia com, sense un cèntim. El pare afirmava que tot ho havia despès per motius de salut.

Mentre ell va viure, però, els Ginebredes varen poder encara mantenir una aparença del vell rang. Cada estiu, les dues filles anaven amb la mamà paralítica a una torre dels afores, que tenien llogada des de la infantesa de les noies. Les tres germanes havien jugat amb els cosins al jardí, un jardí amb un petit brollador al centre i, al voltant, mitja dotzena de rosers i d'acàcies. Hi havia una vella tortuga que sempre menjava trossos de tomàquets i enciam. Al jardí, l'Elpídia i l'Amèlia recordaven la Madrona, que els remordiments i l'enyor transformaven en fada i en santa, i se sentien cap al tard molt deprimides. Passaven núvols, tocaven hores, sotjaven les menjades de la tortuga. Les filles infermeres agençaven després la mamà, bavosa i immòbil sota alguna acàcia, i així s'escolaven els dies, iguals i grisos, fins al traspàs de la senyora Ginebreda. Ara, quan l'Elpídia podia, les germanes arribaven passejant fins a la torre, s'atansaven als barrots de ferro de la cleda, esguardaven una llarga estona el jardí i pensaven, sense destriar massa, en la Madrona, en els pares i en la tortuga. La malenconia de les germanes era tan remota, tan íntima i tan complexa, que la confonien amb el lliscar de la pròpia sang i ja la podien expressar només amb un somriure. El jardí tenia encara el brollador al centre i, al voltant, la mitja dotzena de rosers i d'acàcies.

Al seu moment, el pare també es morí. A les darreries, era un cavaller de venerable aspecte, que caminava tentinejant amb un bastó i jugava de tres a cinc al tresillo en un club rònec. Aclucà els ulls amb una indiferència d'home ben educat i deixà en un perfecte desempar les seves filles. En recordar-lo, elles deien, admiratives, sense cap retret: «Ai, si ens veia el pobre papà!». El papà presidia la llegenda familiar dels morts i de les festes esplendoroses del passat.

Les Ginebredes havien rebut una molt excel·lent educació d'adorn, amb professores particulars, de les quals la més notable va ser Adela Montoliu. D'una distingida família vinguda a menys, Adela era, quan s'encarregà de les nenes Ginebredes, una fadrina d'uns trenta-cinc anys, prussianitzada, miop, vestida sense gust, molt romàntica i molt *comme il faut.* Vivia amb la seva mare, una gran dama en altre temps molt bella, que havia arruïnat el seu marit, tot practicant esportivament un pecat habitual d'adulteri. La lletja Adela, adscrita en canvi, sense possibles vacances, a una moral estrictíssima, ensenyava a les Ginebredes francès i història, treta d'un compendi de l'*Anquetil.* Sota la seva vigilància, les Ginebredes llegien novel·les franceses. De primer, les de Mme. Stolz: *Magali, La maison blanche, Les més aventures de Mlle. Thérèse.* Després, la normativa *Cadette* de Mlle. Zanaïde de Fleuriot, i *Élianne* i *Anne Séverin* de Mme. Augustus Craven. Ja més espigades, els permeté de penetrar, en traduccions franceses, en el món de la senyora Marlitt: *La seconde femme, La maison Schilling, La petite princesse des Bruyères.* D'amagat, però, les Ginebredes, que varen llegir tota la vida tan sols en francès, havien devorat alguns entreteniments de Bourget i fins i tot alguna voluptuosa pàgina de Prévost.

Adela Montoliu els dictava els *Avis d'une mère à sa fille* de Mme. de Lambert i es delectava a repetir que *«les vertus des femmes sont difficiles, parce que la gloire n'aide pas à les pratiquer. Vivre chez soi, ne régler que soi et sa famille, être simple, juste et modeste, vertus pénibles, parce qu'elles sont obscures. Il faut avoir bien du mérite pour fuir l'éclat, et bien du courage pour consentir à n'être vertueuse qu'à ses propres yeux»*. Adela els va ensenyar també a distingir el *point à l'aiguille* de la *dentelle duchesse* i del *point à la rose.* Les germanes Ginebredes podien parlar de les qualitats i diferències de les puntes d'Alençon, de Milà, de Brussel·les, de Flandes, d'Anglaterra, de Venècia. Podien parlar d'altres coses igualment refinades i inútils. No sabien res més.

Encara es veien, de tant en tant, amb l'Adela, l'antiga professora, ja molt vella, encorbada i agra. Es veien als Felipons, a l'hora del rosari, davant un Sagrat Cor que els inspirava molta devoció, i alternaven les pregàries amb acerbs comentaris a les actuals dificultats. Les tres dones havien oblidat les màximes de Mme. de Lambert i furgaven amb una certa complaença en la pròpia misèria, aprofundint-se en el tema d'«ara els pobres gairebé no podem menjar». A vuitanta anys, l'Adela estava potser més resignada. Les Ginebredes podien encara viure'n ben bé una vintena i temien igualment la mort i la vida. La professora i les exdeixebles es compenetraven avui del tot i es plantejaven amb imparcialitat, de potència a potència, els respectius problemes. «Si almenys l'Elpídia es posava bona!», deia l'Amèlia. Però l'Elpídia mai no es posava bona. D'ençà de la mort del pare, feia quinze anys, s'havia de colgar al llit amb els primers freds, febrosa, tossint fins a la primavera, queixant-se alternativament del cap, del pit, del ventre. L'Amèlia la curava amb abnegació, atenta als seus desigs sempre insatisfets per falta de mitjans, pacientíssima, sofridora del mal geni i del desesperat ensopiment de la malalta. Una vegada, una veïna, que tenia una gata que havia gatinat, els regalà, per distreure l'Elpídia, una gateta. Acceptada a la primeria amb prevenció, tan sols «per no ofendre aquella bona ànima», aviat la bestiola va esdevenir el goig i el consol de les Ginebredes. Li varen posar un cascavell al coll i la varen batejar amb el nom de *Murr*, reminiscència de la literatura apresa amb Adela Montoliu, però ho varen haver de deixar córrer, perquè el felí, amb aquest nom, no s'hi entenia. Compareixia al clàssic crit de «mixona», i les Ginebredes ponderaven la seva intel·ligència. Les germanes s'havien acostumat a introduir-la en les converses que entre elles mantenien, i semblava que la gata anava pel camí d'entendre-les del tot. La bèstia els recordava en certa manera la Madrona, aquella Madrona morta de tant de temps i que elles havien estimat i havien també avorrit. L'haurien anomenada «Madrona», si això hagués estat compatible amb el respecte degut als morts. Quan la gata es posava neguitosa (no l'havien mai deixada sortir del pis), les Ginebredes afectaven disgustar-se molt, però s'esbatanaven els narius amplíssims de l'Elpídia i lluïen els ulls, enfonsats per la febre, de la malalta. Aleshores acaronava la gata sense parar i oferia un espectacle «del tot repugnant», com deia la senyora Magdalena Blasi. Però les Ginebredes no hi paraven esment. Cloïen les parpelles, pensaven en la Madrona i es perdien en la nostàlgia dels anys passats.

Uns anys que ja no tornarien. Ara només quedava la lluita quotidiana, la lluita per una engruna de pa, davant el buit. Cada dia, l'Amèlia baixava les escales, anava a portar la feina de mitja encarregada i es dirigia a les llargues cues, per obtenir una mica de carn per a la germana. Tornava tard, cansada, pels carrers de sempre: carrer de l'Aurora, carrer de la Virtut, carrer de la Murtra, placeta del Sol, carrer de la Llanterna. Fems i mainada, captaires sense braços ni cames, gairebé sense cap. Petites tendes de venda de carbó i de queviures:

palanganes amb aigua d'olives, pebrots i raïms, verds plàtans de preu inabastable. Multituds que no redimiria mai cap messianisme, fos quin fos, religiós o social. «Si almenys l'Elpídia es posava bona!», pensava l'Amèlia, tot retornant a casa. «Si almenys es posava bona o es moria», es trobà pensant. I es lliurà amb delectança, sense notar-ho, a la meditació. S'imaginava en el seu adolorament i se'n compadia fins a les llàgrimes. L'Elpídia reposaria d'un cop, pobreta!, amb els pares i la Madrona, i ella es resignaria a passar uns llargs anys en la solitud, potser en un convent de senyores (el seu somni secret) fins a reunir-se al columbari amb els altres Ginebredes. Somreia al pensament, mentre pujava l'escala, i de sobte va sentir que els remordiments la punyien. Oh, desitjava la mort de la germana, ella desitjava la mort de la germana! Va obrir la porta del pis, es va dirigir amb presses al llit de l'Elpídia i abraçà la malalta amb exaltades demostracions. Com si endevinés el fons inconfessable d'aquell trasbals, l'Elpídia la rebutjava amb duresa. «Arregla'm el coixí.» Desorientada, l'Amèlia no l'obeïa. «Arregla'm el coixí, et dic», insistia l'Elpídia. «Que no saludes la Magdalena?» «Ara me n'anava», va dir la senyora Blasi, que havia portat avui unes quantes capses buides. «No hi tornaré més», va decidir. Li desagradava la gata altre cop neguitosa, la tos de l'Elpídia, aquella misèria sense remei. «Sóc massa vella per a aquest teatre», pensava. «Me'n vaig al camp», va dir en veu alta a les germanes.

«Asseguren que la guerra se'ns acosta, i no voldria que m'arreplegués aquí, la veritat.» Les Ginebredes varen empal·lidir. «Adéu-siau, noies», va dir la senyora Blasi. «Adéu, Magdalena.» L'Amèlia l'acompanyà al cancell. En reunir-se les germanes es varen sentir esclafades de solitud i de buidor. Les esgarrifava haver d'esperar sense defensa els bombardeigs aeris, en aquell pis com un prestatge, quasi un nínxol. Una mort comuna i barrejada amb el capellà, el fuster, el matrimoni jove, els propietaris (encara que amb aquests no, perquè també partirien oportunament al camp). Pensaven amb enveja en la Madrona i en els altres morts, els semblava ja sentir els senyals d'alarma, acaronaven la gata, ploraven juntes, molt abraçades, i després varen enllestir amb gana el magre sopar.

[1950]
Revisada, amb «Mariàngela l'herbolària»,
per la tardor de 1964 i per l'octubre de 1967.

POEMES

De *Les cançons d'Ariadna*

BODA DE LAIA

En el seu aniversari.

Marxen per l'espessa
boira, molt mudats:
clenxes, mantellines,
colls encarcarats.
No saben com fer-s'ho
per ficar-hi golls.
Fanguegen, rellisquen,
envesteixen tolls.
Contempleu la noia,
vejam si se'ns mor.
Sembla que camini
ben a contracor.

A l'església buida,
el nuvi s'espera.
Del fred li sagnaven
penellons d'orelles.
Vent de mar penetra
per forats i escletxes,
lentament movia
exvots de navetes,

de babord vers estribord:
bergantins, pollacres,
bucs de galerons.

Avisen campanes
que la núvia ve.
Els seguicis paren
en lloc avinent.
Deixen els promesos
davant de sant Elm:
or barroc, candeles,
roses de paper.

El rector comença
a casar-los. Té
la color trencada,
llavis moradencs.
Adreça la parla
als nous contraents.
Amics i família
miren satisfets.
Vigilen que diguin
amb veu ferma el *sí*.
Quan arribi l'hora,
no l'hauran sentit.
Atacava l'orgue
acords d'ocasió,
a l'altar s'obrien

magnes velacions.
Es cansen de pressa
tots els convidats.
Tossien, remuguen,
riuen amb esclat.
Sorollen cadires,
s'empassen badalls.
Creuen que la missa
mai no acabarà.

A la fi sortien
mig baldats, entercs.
Sort que de seguida
menjaran calent.
Encara que siguin
hostes de ganyons,
compten atipar-se
d'arròs, canelons,
llobina, llagosta,
conill, pollastrot,
gelats, cafè, crema,
tabac i licors.

Tornaven, solemnes,
pels carrers estrets.
Els veïns voltaven
marit i muller.
Els desitgen feina,

descendència, pau,
salut, llarga vida
i felicitat.

Filles de Maria,
seques, virginals,
plenes de cabòries,
a la falda un gat,
pensen i rumien,
riques de detall,
quan tots dos es trobin
sols, què passarà.

BARCA OSIRÍACA

Passos de fidel germana
per escales de Llevant.

Pur i nu, en la mar calma,
endinsat en el cristall,
sotmès a cadenes clares,
mentre va naixent el sol,
espero la veu del jutge,
arbre, monarca i llavor,
que han unit pregons misteris
en un nom i en un dolor.

Quanta quietud rompuda
per la proa de la nau!
Ofreno forces amigues,
bronze de secreta sang,
ferida subtil de llavis,
blanc encens sacramental.
Barquer de l'etern viatge,
deixa'm amb tu reposar.

Ressò de laments i címbals
per escales de Llevant.

'I BEG YOUR PARDON'

Meditació, amb alguns rodolins, entorn de la teoria atòmica, tal com ve al·ludida als periòdics.

Quan el centre del món
no ets ben bé tu
(per més que en tinguis la il·lusió),
si et desvetllaven enmig de la nit,
no vulguis preguntar-te per què vius:
distreu-te rosegant l'ungla d'un dit.

Quan el centre del món
queda tan lluny
de tu
que honestament
comences a saber que no ets ningú,
para't per un moment
i venta al primer nas un cop de puny.

Problemes cada volta més esquius
et vénen a torbar la dolça son.
Sols et faltava ja, pel que tu dius,
llucar que no ets del tot centre del món.

Parent de Badalona o d'Istanbul,
tant si ets actiu com si fas el gandul,
en aquest nostre món sense demà
és molt difícil de guanyar-te el pa.
No et donaré ni el més petit consol:
et volaran un dia qualsevol.
Però entretant evita alguns trastorns,
posant-te ben cordats els pantalons.

INDESINENTER

Homenatge al Dr. Jordi Rubió.

Nosaltres sabíem
d'un únic senyor
i vèiem com
esdevenia
gos.
Envilit pel ventre,
per l'afalac al ventre,
per la por,
s'ajup sota el fuet
amb foll oblit
de la raó
que té.
Arnat, menjat
de plagues,
aquest trist
número de baratilli,
saldo al circ
de la mort,
sense parar llepava
l'aspra mà
que l'ha fermat

des de tant temps
al fang.
Li hauria estat
senzill de fer
del seu silenci mur
impenetrable, altíssim:
va triar
la gran vergonya mansa
dels lladrucs.
Mai no hem pogut,
però, desesperar
del vell vençut
i elevem en la nit
un cant a crits,
car les paraules vessen
de sentit.
L'aigua, la terra,
l'aire, el foc
són seus,
si s'arrisca d'un cop
a ser qui és.
Caldrà que digui
de seguida prou,
que vulgui ara
caminar de nou,
alçat, sense repòs,
per sempre més
home salvat en poble,

contra el vent.
Salvat en poble,
ja l'amo de tot,
no gos mesell,
sinó l'únic senyor.

A la manera
de Salom de Sinera.

INICI DE CÀNTIC EN EL TEMPLE

A Raimon, amb el meu agraït aplaudiment.
Homenatge a Salvat-Papasseit.

Ara digueu: «La ginesta floreix,
arreu als camps hi ha vermell de roselles.
Amb nova falç comencem a segar
el blat madur i, amb ell, les males herbes».
Ah, joves llavis desclosos després
de la foscor, si sabíeu com l'alba
ens ha trigat, com és llarg d'esperar
un alçament de llum en la tenebra!
Però hem viscut per salvar-vos els mots,
per retornar-vos el nom de cada cosa,
perquè seguíssiu el recte camí
d'accés al ple domini de la terra.
Vàrem mirar ben al lluny del desert,
davallàvem al fons del nostre somni.
Cisternes seques esdevenen cims
pujats per esglaons de lentes hores.
Ara digueu: «Nosaltres escoltem
les veus del vent per l'alta mar d'espigues».
Ara digueu: «Ens mantindrem fidels
per sempre més al servei d'aquest poble».

EL MEU POBLE I JO

A la memòria de Pompeu Fabra, mestre de tots els qui parlen i escriuen en català, l'anomenin com vulguin.

Bevíem a glops
aspres vins de burla
el meu poble i jo.

Escoltàvem forts
arguments del sabre
el meu poble i jo.

Una tal lliçó
hem hagut d'entendre
el meu poble i jo.

La mateixa sort
ens uneix per sempre:
el meu poble i jo.

Senyor, servidor?
Som indestriables
el meu poble i jo.

Tenim la raó
contra bords i lladres
el meu poble i jo.

Salvàvem els mots
de la nostra llengua
el meu poble i jo.

A baixar graons
de dol apreníem
el meu poble i jo.

Davallats al pou,
esguardem enlaire
el meu poble i jo.

Ens alcem tots dos
en encesa espera,
el meu poble i jo.

De *Cementiri de Sinera*

II

Quina petita pàtria
encercla el cementiri!
Aquesta mar, Sinera,
turons de pins i vinya,
pols de rials. No estimo
res més, excepte l'ombra
viatgera d'un núvol.
El lent record dels dies
que són passats per sempre.

III

Sense cap nom ni símbol,
ran dels xiprers, dessota
un poc de pols sorrenca,
endurida de pluges.
O que l'oratge escampi
la cendra per les barques
i els solcs dibuixadíssims
i la llum de Sinera.
Claror d'abril, de pàtria
que mor amb mi, quan miro
els anys i el pas: viatge
al llarg de lents crepuscles.

IV

Els meus ulls ja no saben
sinó contemplar dies
i sols perduts. Com sento
rodar velles tartanes
pels rials de Sinera!
Al meu record arriben
olors de mar vetllada
per clars estius. Perdura
en els meus dits la rosa
que vaig collir. I als llavis,
oratge, foc, paraules
esdevingudes cendra.

XXI

Lliures cavalls, a l'alba,
per la deserta platja.
Veus i tambors proclamen
la primavera.

Després, fet nou silenci
damunt el mar, les hores
encadenades besen
la sorra molla.

XXIV

No naixerà cap marbre
d'eternitzades ones
ni s'alçaran vols d'àngels
d'imaginats imperis.
Car és vingut de sobte
el temps dolent, i em porten
veus de records, per buides
estances de Sinera,
fins al guaita de l'alba,
xiprer que sap l'incendi
del mar i d'aquest núvol.

XXV

A la vora del mar. Tenia
una casa, el meu somni,
a la vora del mar.

Alta proa. Per lliures
camins d'aigua, l'esvelta
barca que jo manava.

Els ulls sabien
tot el repòs i l'ordre
d'una petita pàtria.

Com necessito
contar-te la basarda
que fa la pluja als vidres!
Avui cau nit de fosca
damunt la meva casa.

Les roques negres
m'atrauen a naufragi.
Captiu del càntic,
el meu esforç inútil,
qui pot guiar-me a l'alba?

Ran de la mar tenia
una casa, un lent somni.

XXX

Quan et deturis
on el meu nom et crida,
vulgues que dormi
somniant mars en calma,
la claror de Sinera.

B., març 1944 - maig 1945.

De *Les hores*

PETITA CANÇÓ DE LA TEVA MORT

La teva mare broda
en el carrer de l'Om.
La teva mare broda,
broda claror.

La teva mare canta
una cançó,
la vella història trista
d'un gran amor.

La pluja li contava
la teva mort,
la pluja li contava
com has mort sol.

Albes de fred agrisen
tot el record.
La teva mare plora
en el carrer de l'Om.

INVITACIÓ A PARTIR

La fruita d'or, llunyana.

–Deixa enrera el record
de la perduda tarda.
Deixa enrera la veu
de la muntanya.
Navega fora port,
a l'esperança.

Calma, illa, veler,
la fruita d'or.

VIANANT

Suporto abismes
i el secret de la flama que dóna
una esperança de claror.

Els llums del vespre encenen
quieta felicitat, rera les portes
del palau solitari.

Com fum, com l'heura,
com el vent de les altes
silencioses planures,
vetllo, abraço, rondo.

Em cridaven a unir-me
amb rebels que obeeixen
disciplines de pluja.

Avança en somnis
el caminant. Ressona
com un cor, des del silenci,
el pas del caminant.

VIATGE D'HIVERN

La pluja clama sempre
damunt la fortalesa de Déu,
però jo no responc sinó amb silenci,
perquè el temps ha passat.

Somric al gran missatge
d'aquelles hores. Només
sé ara que la sang
m'ha destruït el món.

Per una erta plana
de mar, de nit, camino
un hivern solitari.
No sé l'indret de l'illa
de l'esperança: només,
que sang que no he vessat
m'ha destruït el món.

OLIVERAR, PROP DE S. CHIARA

Més benigna claror, encara l'ample cel
enllà dels dolços sants, darrera les muntanyes
que limiten avui el meu somni feliç
de la planura al sol, de l'encalmada plata?
Oh bellesa que tanco al lentíssim esguard,
com empresono als ulls tota la llum mirada!
Però lluny, pels camins de l'aire i de la mar,
pel batec de la sang amb un continu plany,
em crida el gran dolor de la terra que estimo.

OFRENAT A CÈRBER

He donat la meva vida a les paraules
i m'he fet lenta pastura d'aquesta fam de gos.
Ah, guardià, caritat per als ossos,
car ja t'arribo sense gens de carn!
Vaig enfonsar les mans en l'or misteriós
del meu vell català i te les mostro
avui, sense cap guany, blanques de cendra
del meu foc d'encenalls, i se m'allunya
per la buidor del cap el so del vidre fràgil.
Ara ballo amb dolor, perquè riguin les goles,
per obtenir l'aplaudiment dels mil lladrucs,
i em coronen amb un barret de cascavells.

De 'Mrs. Death'

MENTRE REPRESENTEM

Dits, domini! Titelles
prou espatllats supliquen
bon repòs, que ja caigui
la cortina, que cessin
les paraules dictades,
veus d'espinguet. Sabíem
quant dolor, quin inútil
foc teatral imposen
les grans mans enguantades
de nosaltres. Diversos
rostres i noms d'un únic
designi de naufragi,
esperem només jeure,
mesclats, dintre la capsa
ben closa, sense somnis,
sense llums, on no arribin
records de neguitoses
entrades i sortides,
sons de ballable, gestos,
els violins patètics.

PAOLO

Bon dia. Potser calma
l'aspre vent, i més lentes,
suaus, acompanyades,
vindran les noves hores
d'avui. Intentaríem,
si fos cert, d'esguardar-nos,
a la llum, aquells rostres
envellits per vestigis
del fosc torb: però sempre
els ulls fidels, antigues
veus d'amor que retornen
amb el senzill bon dia.

Ai, engany d'esperances,
llavis damunt de llavis
ja tan closos! Partíem
junts al vespre, ho sabies?,
però no ens concedien
cap repòs. Ara, necis
em pregunten, en veure'm
turmentat, lamentable
ombra de mi, si estimo.
No responc i, per l'ampla

volta del nostre somni
maleït, de seguida
m'allunyo, recordant-me
amb tu, en el vol únic.

UN HOME GRAS DE MEIR

Greixors d'aquest gran ventre
(menges poc, ens afirmes,
i mai dels mais no tastes
bri de líquid: misteris
d'endocrinologia)
poden, és cert, privar-te
de contemplar les puntes
dels teus peus. Però sempre
em tens de seguríssim
servidor, si desitges
que les botes et brillin.

M'ajupo, tusso, frego,
et ben raspallo, mentre
món i carn et pertanyin.
Després surts. Jo, darrera,
l'ombra d'un gos, escrúpol.

Embolic de lents passos
de pobre amb ric. La bossa
de l'enemic em compra
capell, abric, les queixes
d'un greu fatic. Si em xiules,

com et somric, corbant-me
fins al melic! Al vespre,
en retornar, quan criden
venedors de diaris
el crim més bell del segle,
se m'acut que podria
–jo, l'odi– millorar-lo,
si trobés la impossible
sequoia gegantina
per al teu pes, samugues
resistents, prou gruixudes,
amb les quals em plauria,
fent-te la tria eterna,
a la fi decantar-te
del costat del dimoni.

DÍPTICS DE DIFUNTS

Han vingut al capvespre
fines boires que deixen
més tendra, molt rentada,
la nova primavera.
Sóc en un temps lentíssim,
potser parat, i sento
com se m'allunyen passos,
llum, record, impalpable
ombra de vells somriures.
Quan les flors es descloguin,
quan em miri la fràgil
plenitud de la rosa,
en pau, a les tranquil·les
estances dels meus somnis,
m'acollirà la vostra
pietat, i en silenci
acabaré de viure.

COÈFOR

I veuré l'altre rostre
al mirall, el que porto
latent des de l'origen,
sense por, car el vespre
amic farà de guia
pel vidre nu de l'aigua.
Clamaré: «Sóc i vetllo
i m'estimo. Voldries
l'ofrena del meu càntic?».
I em sabré ja del nombre
dels fidels, quan promeses
acomplides ens obrin
el repòs perdurable.

D'*El caminant i el mur*

LES ROSES RECORDADES

Recordes com ens duien
aquelles mans les roses
de sant Jordi, la vella
claror d'abril? Plovia
a poc a poc. Nosaltres,
amb gran tedi, darrera
la finestra, miràvem,
potser malalts, la vida
del carrer. Aleshores
ella venia, sempre
olorosa, benigna,
amb les flors, i tancava
fora, lluny, la sofrença
del pobre drac, i deia
molt suaument els nostres
petits noms, i ens somreia.

DES DEL MATEIX TEATRE

Sé com encara
en el record, intacte,
és el somriure.
Però les mans, ja cendra
o llum, on retrobar-les?

AQUEST NADAL PROP DEL MAR

Veig encara el bou i la mula
i el meu fang que els mancaments endinsen
pel camí de la mort.
Però les mans oloroses de molsa,
les benignes mans de la meva
mare, són quietes per sempre,
allí, sota la nit dels xiprers.
Encalmada en aquest difícil somni,
tota la mar m'acompanya i escolta:
plora amb mi, per mi, el teu fill, Maria?

ASSAIG DE CÀNTIC EN EL TEMPLE

Oh, que cansat estic de la meva
covarda, vella, tan salvatge terra,
i com m'agradaria d'allunyar-me'n,
nord enllà,
on diuen que la gent és neta
i noble, culta, rica, lliure,
desvetllada i feliç!
Aleshores, a la congregació, els germans dirien
desaprovant: «Com l'ocell que deixa el niu,
així l'home que se'n va del seu indret»,
mentre jo, ja ben lluny, em riuria
de la llei i de l'antiga saviesa
d'aquest meu àrid poble.
Però no he de seguir mai el meu somni
i em quedaré aquí fins a la mort.
Car sóc també molt covard i salvatge
i estimo a més amb un
desesperat dolor
aquesta meva pobra,
bruta, trista, dissortada pàtria.

CANÇÓ D'ALBADA

Recordant Goethe.

Desperta, és un nou dia,
la llum
del sol llevant, vell guia
pels quiets camins del fum.
No deixis res
per caminar i mirar fins al ponent.
Car tot, en un moment,
et serà pres.

CANÇÓ DE LA VINGUDA DE LA TARDA

Una a una,
en els meus ulls ordeno
les vides conegudes.

Casa, carena, barca,
ample respir de l'aigua,
clara rosa. Amb paraules
sempre noves vestia
la tarda ja nascuda.

La nua tarda,
que de la llum sortia
al mar i a la muntanya.

CANÇÓ DEL PAS DE LA TARDA

Entra la tranquil·la tarda
pel fosc camí de la mirada.

Enllà del mar ben treballat
pels bous del sol, endins del blat,
quan més perfecta mor la flor
a l'aire lleu, pel gran dolor
d'aquest camí de la mirada,
se'n va la tranquil·la tarda.

CANÇÓ DEL TRIOMF DE LA NIT

On l'or acaba
tan lentament, banderes,
nit enlairada.

Escolta una remor
de moltes aigües:
amb el vent, contra tu,
cavalls salvatges.
Quan et sentis cridat
pels corns de caça,
ja per sempre seràs
del fosc reialme.

Ai, el vell arrelat
dolor que no té alba!

LLIBRE DELS MORTS

Mira que passes sense saviesa
pel vell camí fressat, tan sols un cop,
i que la veu de sobte cridarà
el secret nom que porta en tu la mort.
No tornaràs. Recorda, no t'apartis,
mentre fas via, del que tan senzill
és d'estimar: aquest blat i la casa,
el blanc senyal de barca dins el mar,
el lent or de l'hivern ajaçat a les vinyes,
l'ombra d'un arbre damunt l'ample camp.
Oh, sobretot estima la sagrada
vida de l'arbre i la remor del vent
a les branques que s'alcen vers la llum!

De *Final del laberint*

I

Amb lent dolor esdevé somni fosc
aquella llum dels altíssims palaus.
I el temps l'escampa pel record, ja flor desfeta
als dits aspres de pluja del meu extrem hivern.
Miro tota la nit i sento el cor
vastíssim de la terra, el maternal
respir fangós que guarda el vinent blat.
Arribaran demà tranquil·les hores,
obertes ales amples dels ocells
duran al camp les grans calmes d'estiu.
Hi haurà potser molt piadosos arbres
d'ombres esteses damunt secs camins.
Però jo, que sabia el cant secret de l'aigua,
les lloances del foc, de la gleva i del vent,
sóc endinsat en obscura presó,
vaig davallar per esglaons de pedra
al clos recinte de llises parets
i avanço sol a l'esglai del llarg crit
que deia per les voltes el meu nom.

XII

Esguarda l'arbre sol:
arrelat en fondàries
d'un somni dolorós,
mira com vaig arbrant-me.

En suplicar més llum
d'estrelles allunyades,
els braços molt alçats
esdevenien branques.

A beure de la font
de les meves paraules,
per l'ordre dels cimals
davallen ocells d'alba.

El cant se'm feia cor
que lentament es para.
La boira velarà
remor darrera d'aigua.

XIII

Ocells de l'alba
lleu baixen el matí
de branca en branca.
A terra, ja se'n va
la llum a pas de tarda.

XIX

Diré del vell foc i de l'aigua.
Si crema molt la neu,
glaçava més la flama.

Diré de l'espasa i de l'aigua.
Si m'ha ferit la font,
em guarirà l'espasa.

Diré de l'ocell i de l'aigua.
Si llum de cims al riu,
fosca de terra l'ala.

Diré de la rosa i de l'aigua:
la mort de la mar fa
la flor més perdurable.

Diré dels meus ulls i de l'aigua.
Si tot ho mira el llac,
jo tinc les nines blanques.

Dic la pluja, la pluja, la pluja clara
i el plor de l'endinsat
sense retorn per l'aigua.

Dic el nom del no-res
enllà del fons de l'aigua.

XXV

I guanyo la riba de la nit,
el repòs del sorral que sabia la barca.
S'encenen focs de benvinguda
a la muntanya. Més enlaire,
una a una, les estrelles,
els ulls que amorten avui l'antiga por.
I m'encamino en solitud cap a la font llunyana,
a les prades altes de la serenor del somni,
i s'obrirà lentament, per acollir-me,
el clos indret on jo seré per sempre
amb la meva pau.

XXVI

He deixat endarrera el sorral i la barca,
i la mar grunyia molt apagadament a la meva esquena,
allunyat gos foll d'un antic malson.
Camino amb esforç muntanyes amunt
i avanço per rengles i rengles de flames,
alimares de benvinguda de la nit.
Sento enllà una remor que s'atansa,
lliure galop de cavalls a les prades altes
que veig verdejar passats els límits del darrer bosc.
Perquè ja és de dia.
M'arriba de sobte la claror d'aquest nou dia
que esdevindrà plenitud del meu somni feliç.

XXIX

Ja salvat en la neu
alta de les muntanyes,
al cim més allunyat
he dit paraules blanques.

Amb llavis plens de sang
dic glaçades paraules,
la clara solitud
de la meva ànima.

Em fan llargs comiats
branques molt enlairades.
Damunt l'últim avet,
primer domini d'ales.

Em sento despullat,
de record i esperança.
Només cançons de neu
podran acompanyar-me.

XXX

L'aire resplendent
arrela en el plany.
Ales de la sang
drecen a claror.
De la llum a la fosca,
de la nit a la neu,
sofrença, camí,
paraules, destí,
per la terra, per l'aigua,
pel foc i pel vent.

Salvo el meu maligne
nombre en la unitat.
Enllà de contraris
veig identitat.
Sol, sense missatge,
deslliurat del pes
del temps, d'esperances,
dels morts,
dels records,
dic en el silenci
el nom del no-res.

De *La pell de brau*

V

Si corres sempre endins
de la nit del teu odi,
cavall foll Sepharad,
el fuet i l'espasa
t'han de governar.

No pot escollir príncep
qui vessa sang,
qui ha traït o roba,
qui no va alçar
a poc a poc el temple
del seu treball.
Amb el foc primer cremes
la llibertat.

Atansa't a mirar-te
en aquest glaç,
aprèn el veritable
nom del teu mal:
en el rostre de l'ídol
t'has contemplat.

XXIV

Si et criden a guiar
un breu moment
del mil·lenari pas
de les generacions,
aparta l'or,
la son i el nom.
També la inflor
buida dels mots,
la vergonya del ventre
i dels honors.
Imposaràs
la veritat
fins a la mort,
sense l'ajut
de cap consol.
No esperis mai
deixar record,
car ets tan sols
el més humil
dels servidors.
El desvalgut
i el qui sofreix
per sempre són

els teus únics senyors.
Excepte Déu,
que t'ha posat
dessota els peus
de tots.

XXV

Direm la veritat, sense repòs,
per l'honor de servir, sota els peus de tots.

Detestem els grans ventres, els grans mots,
la indecent parenceria de l'or,
les cartes mal donades de la sort,
el fum espès d'encens al poderós.
És ara vil el poble de senyors,
s'ajup en el seu odi com un gos,
lladra de lluny, de prop admet bastó,
enllà del fang segueix camins de mort.

Amb la cançó bastim en la foscor
altes parets de somni, a recer d'aquest torb.
Ve per la nit remor de moltes fonts:
anem tancant les portes a la por.

XXVIII

Pausadament hem ballat en rodona,
entorn dels focs, en les calmes d'estiu,
la mà dins la mà, pressentint crits de guerra,
les clares danses del cel de Saron.

Qui pot ja destriar la terra de la cendra,
com t'has d'alliberar del temps i del record?
Unes altes muntanyes i aquest anell de l'aigua
delicada del mar limiten Sepharad.

No gosis despertar-la del seu difícil somni,
aparta't a vetllar sota la freda llum.
Avui l'esguardaran adormida i perfecta
la teva nit i els ulls, poble del vell amor.

XLVI

A vegades és necessari i forçós
que un home mori per un poble,
però mai no ha de morir tot un poble
per un home sol:
recorda sempre això, Sepharad.
Fes que siguin segurs els ponts del diàleg
i mira de comprendre i estimar
les raons i les parles diverses dels teus fills.
Que la pluja caigui a poc a poc en els sembrats
i l'aire passi com una estesa mà
suau i molt benigna damunt els amples camps.
Que Sepharad visqui eternament
en l'ordre i en la pau, en el treball,
en la difícil i merescuda
llibertat.

XLVII

En la llei i en el pacte
que sempre guardaràs,
en la duresa del diàleg
amb els qui et són iguals,
edifica el lent temple
del teu treball,
alça la nova casa
en el solar
que designes amb el nom
de llibertat.

I tu, home dels dies d'ara
de Sepharad,
no visquis més la mort
d'un repòs covard,
arrisca't a salvar-te
del teu mal.
Navega les fortunes de la mar,
il·luminant-te de clarors de llamp.
Lluny del port de refugi
rentaràs
en aigües d'esperança
tota la sang

d'aquesta trepitjada
pell de brau.

De *Llibre de Sinera*

IV

Mentre sèiem al cancell, en la vetlla d'estiu,
en el repòs de l'aire,
i el llum feia de sobte més trista la claror,
arribaven pels rials lladrucs llunyans dels gossos
de les altes masies de la nit.
Car tota la carena era nit, i la fressa
d'un vianant cansat aixecava
de la fosca, a poc a poc, la basarda.
Aleshores algú va dir: «He vist avui
moltes orenetes, com pardals, damunt els camps».
I una altra veu: «Potser plourà aviat».
I jo vaig cloure els ulls i els mirava
un a un, ja en la pau, els meus morts.
I sabia aquest camí sense ells per sempre més
i com passen també els dies que vindran
per la llarga buidor del sorral.

VII

Amb els pals els captaires resseguien
un a un els barrots de les reixes del meu carrer.
Basarda de la fosca per l'esclat del sol,
venien del camí d'atzavares del Mal Temps,
s'atansaven a poc a poc des de la pujada
i demanaven almoina de cancell en cancell.
Un cop a la setmana els pobres arribaven,
en una lenta, quasi aturada processó,
i ens cridaven amb veus de ronca cantarella
al tenaç i obscè mercat de sutzures i mals.
La corrua passava davallant cap a la placeta
i es perdia després, pels alts plàtans polsosos,
enllà de l'ombra ja llunyana dels xiprers.
Com deixava sollats els portals, les eixides,
la mica d'aire de mar, la llum sencera de l'estiu!
Però encara quedava, sempre ressagat, el vell cec
que s'ho mirava tot des de les plagues dels ulls,
àvides, xopes de sang, calentes,
obertes sense cap resposta
a les preguntes del nostre esglai,
esbatanades en el buit fins que les cobria
en un sobtat vol compacte la negror del moscam.

XVIII

No s'entenia la cançó de la nit,
de tan clares com eren les paraules.

«T'avens a vendre per engrunes d'or
l'antic solar on has bastit la casa.
Als fills imposes, car els vols senyors,
guisofis agres d'una llengua estranya.
Arran sempre de terra, el teu musell
s'afina barrigant entre deixalles.
L'amo t'encerta cada dia el llom,
en fer-ne dòcil blanc d'escopinades.
Grunys de plaer i ben humil t'ajups
sota el fuet i les burles més grasses.»

D'aquella mar venia l'aspre cant
d'una veu d'ira que no pot cansar-se.
De molt lluny va volar com un falcó
d'esteses ales amples.
Entrava llargament en el recer
del jardí dels cinc arbres.

XXIV

Quan la llum pujada des del fons del mar
a llevant comença just a temolar,
    he mirat aquesta terra,
    he mirat aquesta terra.

Quan per la muntanya que tanca el ponent
el falcó s'enduia la claror del cel,
    he mirat aquesta terra,
    he mirat aquesta terra.

Mentre bleixa l'aire malalt de la nit
i boques de fosca fressen als camins,
    he mirat aquesta terra,
    he mirat aquesta terra.

Quan la pluja porta l'olor de la pols
de les fulles aspres dels llunyans alocs,
    he mirat aquesta terra,
    he mirat aquesta terra.

Quan el vent es parla en la solitud
dels meus morts que riuen d'estar sempre junts,
    he mirat aquesta terra,
    he mirat aquesta terra.

Mentre m'envelleixo en el llarg esforç
de passar la rella damunt els records,
    he mirat aquesta terra,
    he mirat aquesta terra.

Quan l'estiu ajaça per tot l'adormit
camp l'ample silenci que estenen els grills,
    he mirat aquesta terra,
    he mirat aquesta terra.

Mentre comprenien savis dits de cec
com l'hivern despulla la son dels sarments,
    he mirat aquesta terra,
    he mirat aquesta terra.

Quan la desbocada força dels cavalls
de l'aiguat de sobte baixa pels rials,
    he mirat aquesta terra,
    he mirat aquesta terra.

XXXV

Acaba aquí el viatge. Quan baixo de la barca,
sabia a ulls clucs com és al meu davant,
sempre pujat per cabres i per mates
d'espígol, de fonoll, de llet de bruixa
que a penes mouen aquelles primes mans
de l'ora quieta desvetllada al cim, el Mal Temps.
Límits estrictes d'una vella terra:
el seguici dels xiprers rera el carro del sol
que se'n va trontollant pels llargs i secs rials
i feia, en tramuntar, de la petita carena
llum i llunyania de l'horitzó de ponent.
He donat la meva vida pel difícil guany
d'unes poques paraules despullades.
He vist la meva vida com un mur
en el silenci de la tarda i el seu pas.

De *Setmana Santa*

V

Caldrà potser cercar sentit
als figurats jocs de convit.
Tal volta és l'hora de tornar
a seure junts en un sopar
d'amargues herbes. El cabrit
ens esdevé peix mal fregit.
Som escarnits, sovint traïts,
molt sorollats per necis crits.
Mai no podrem, però, deixar
el lliure dret d'examinar
lleis, fonaments, límits, raons,
rengles d'enigmes sense fons,
amb lúcid, fred, subtil rigor.
Car viure té tan sols valor
si preguntem davant l'assot
justicier de l'únic mot.

XVII

Para't i escolta: cal que no
m'adollis més aquesta por,
car vius en ple rovell de l'ou
de la ciutat, net, endreçat,
arrecerat on mai no plou.
Prou saps com passen pel forat
d'un ull d'agulla, ben untat,
a cor què vols, grassos camells
i el llarg ramat que put com ells.
Amic del fort i tan injust
ordre, de l'or, quin gran disgust,
a dalt o a baix, has d'endurar?
Segur del pa de l'endemà,
si t'entafores dins l'oblit,
t'adorms tranquil en calent llit.

XVIII

L'ull de l'agulla, bon amic
del gras camell deixa que hi passi
a tort i a dret, sense fatic,
car no permet que s'escarrassi.
Com que ja ve de molt antic
l'anul·lament bo de l'obstacle,
no cal trobar-lo gens inic
ni perdre temps en l'espectacle.
Melic de l'arbre, no xemic:
aparta't sempre del conflicte
de revoltar-te contra el ric,
per ser delicte i ell invicte.
Prou llargament ho ha provat
en fer-se l'amo del forat.
i et dic que val només el truc
per al camell, no per al ruc.

XX

Trenta diners, a Sepharad,
són una grossa quantitat.
Et venc per ells, i fins per res,
no sols aquest despullat pres,
sinó la nostra dignitat,
el cel, els camps, les deus, el blat,
tot el país, de mar a mar,
llengües, costums, passat, futur,
el pensament, la llei, el fur.
És un bon preu, no et costa car.
Només pretenc de rosegar,
segur, tranquil, un tros de pa,
al sol, xau-xau, un os de gos.
Fes i desfés, com si no hi fos.
Vull aquest bri d'un curt present
de vell. Després, que bufi el vent.
Mort jo, i en creu el condemnat,
amb forta mà pren el ramat.
Aparentment brau o lleó,
mai no li tinguis gens de por:
llargs anys de neu han capolat
el poble meu de Sepharad.

XXV

Què és la veritat?
Vidre llançat, esmicolat,
als quatre vents de la ciutat,
trossos de fang molt trepitjat,
un últim xiscle de negat,
cruels vestigis de raspall,
sang a pells fines de cavall,
netes agulles de cristall
a dits llardosos de brivall,
subtils reflexos de mirall
al gruix del ferro del magall
que cava clots en dolents horts
on són colgats els daus dels morts,
paranys de naips, guanys de parracs,
itinerant aguait dels llacs,
dolor, buidor, pecat, espant:
l'home que tinc al meu davant.

XXXVII

Elles demanen sols ajut
per acomplir la pietat
d'ungir d'aromes aquell cos
que dins el vas saben posat.

«Quins dits mourien
el gran pes de la llosa,
quan és l'alba? Que vinguin
a consolar-nos
de la buidor vetllada
unes veus compassives.»

Del tot immòbils, amb espant
miren, escolten i després
ja se'n tornaven a ciutat.
Però la qui l'estima més
sent un subtil dolor sobtat
quan perd, veient-lo al seu davant,
fins alambins de soledat.

De *Per a la bona gent*

UN NOU «CANT DELS SEGADORS»

LEVEM NOS BON MAYTIE
E NO'NS ADURMAM PLUS

DE CERVERÍ DE GIRONA (S. XIII). *Cançó tòpica del dia que ja ve.*

A Josep Maria Espinàs

Si volíeu escoltar,
obriríeu la finestra.
Per esglaons de cançó,
veritats pugen de pressa.

Al mateix cor de la nit
un nou càntic començava,
perquè us acompanyi el pas
al llindar de l'esperança.

Cal cremar tot el record
d'un ahir ple de tristesa
a fogueres del demà
que ja és temps avui d'encendre.

Esguardeu sempre endavant,

deixeu els plors endarrera.
Aixecat del fons del mar,
el sol jove vermelleja.

Desvetllada pel meu crit
del malson, la claror lenta,
àvida de cada solc,
caminava l'ampla terra.

S'ajaçava pel sorral,
abrillanta blanques veles.
Cavalcant al llom del vent,
tramuntava la carena.

Dintre l'ordre de la llum
vèiem resplendir la casa
que miràvem de guardar
quan desgovernaven lladres.

L'aire duia bona olor
de blat tendre, de ginesta.
És salvada del perill
de morir-se la rosella.

Sentiu ara com el cant
trossejava la cadena,
la vilesa de la por,
lligam de la nostra llengua.

Una veu, les dues mans,
unes fortes mans esteses.
Desperteu-vos, els obrers,
car és l'hora de la feina.
Desperteu-vos, gent del camp,
car és l'hora de la sega.

PER SORT DE TOTS NOSALTRES

No t'oblidis de l'arbre
de l'alta quietud.
Si les arrels asseques,
també t'agostes tu.

No deixis pas de veure
el camp on has nascut.
A terres més llunyanes
mai no seràs ningú.

No defugis la llengua
dels teus pares, perdut
en falsos brills de somnis:
esdevindries mut.

TOTS VOSALTRES I JO

Esplendors de paraules
corcades de foscor.
Vulguem que siguin clares
tots vosaltres i jo.

Brills de subtils paranys,
de clams freds de la por.
No tolerem enganys
ni vosaltres ni jo.

Dreçats en el llevant,
omplim la gran buidor
d'anys morts amb un nou cant:
tots vosaltres i jo.

A PAU CASALS

Per a un bronze d'Apel·les Fenosa.

El vell arbre va caure
no pels anys. L'abatien
destrals de cims, a penes
baixos graons que duen,
per laberints i cingles,
de naufragis a boscos,
al mur sense cap porta
de la llum on et guardes,
impensable bellesa.
Però mans que coneixen
tot el repòs del bronze
enlairaran per sempre
en flaml'harmonia,
els fràgils sons atesos
pel treball nobilíssim
de lents esguards molt savis:
la forta disciplina
del temps i del silenci,
llargues arrels dels somnis
d'un gran cor immortal.

VICENT ANDRÉS ESTELLÉS I EL SEU ENYOR

Detura't a sentir,
cavaller de sagetes,
pensats colors de l'aire
dins reialmes d'ofec.

Enfonsades en llot,
unes sensibles mans
sempre furguen a palps
per trobar roca viva
on dreçar molt dolor
contra malsons del temps.
Que foc de plors davallin
damunt el glaç dels déus.

Després, quan esdevinc
gran senyor de paraules,
vaig donant al meu poble
tot el rogenc esforç.

I en buidar-me de mi,
se m'afinen recances:
eren uns peus petits
i nus en el rompent.

ÍNDEX